COCKTAILS
Drinks & Longdrinks

Klassiker, moderne Drinks
und die besten Neukreationen

COCKTAILS
Drinks & Longdrinks

Klassiker, moderne Drinks
und die besten Neukreationen

Gianfranco Di Niso - Davide Manzoni
Fotografien von Fabio Petroni

INHALT

EINFÜHRUNG

Dieses Buch ist aus der Idee entstanden, allen, die mehr über die faszinierende Welt der Mixgetränke wissen wollen, einen umfassenden Einblick zu bieten. Konzipiert als ein praktisches und vor allem übersichtliches Handbuch, wendet es sich sowohl an den professionellen Barkeeper als auch an den angehenden Barkeeper und nicht zuletzt an alle Interessierte, die sich darauf freuen, das Mischen ihrer Lieblingscocktails aus diesem Buch voller Rezepte zu Hause selbst in die Hand zu nehmen.

Der Band enthält 260 Cocktail-Rezepte, die fünf Gruppen zugeordnet sind: *Anytime Cocktails, Happy Hour Cocktails, After Dinner Cocktails, Cool Drinks* und *Hot Drinks & Coffee*, wobei neben gestandenen „Dauerbrennern" wie dem Martini-Cocktail, dem berühmten Cuba Libre oder dem Stinger solche zu finden sind, die sich als „neue Klassiker" etabliert haben; zu letzteren gehören etwa der Caipiroska, der Cosmopolitan, der raffinierte Apple Martini und zahlreiche Cocktails auf Weinbasis.

Für jeden Cocktail sind in einer komprimierten Übersicht umfassende Angaben zu folgenden Punkten gegeben: Herstellung, Zutaten (in Zentilitern für alle, in angelsächsischen Unzen für professionelle Freestyle-Barkeeper), Zubereitung sowie Tipps für die Verwendung.

Zwei Informationen, die in der Literatur über Mischgetränke oft vernachlässigt werden, ergänzen die Übersicht: der Alkohol- und der Kaloriengehalt.

Diese Hinweise tragen sicherlich zu einer größeren Professionalisierung der Barkeeper bei, die zunehmend um Empfehlungen für Getränke mit einem der Situation angemessenen Alkoholgehalt gebeten werden bzw. Konsumenten zu einem „gesunden" Trinkverhalten anhalten sollen, bei dem auch die Verkehrssicherheit nicht außer Acht gelassen wird.

In den letzten Jahren haben sich Barkeeper mit hervorragenden Ergebnissen in der Kunst der „selbst gemachten" Zutaten hervorgetan, die anstelle von Fertig-Sirups, Likören, Bitter usw. eingesetzt werden. Zahlreiche Bars haben sich damit ein persönliches Profil gegeben und einen qualitativen Sprung nach vorn vollzogen. Die Philosophie, die meine Bücher der letzten zehn Jahre bestimmt hat, möchte jedoch das „Wissen über Mischgetränke" demokratisieren und auch Menschen zugänglich machen, die nicht vom Fach sind. Aus diesem Grund werden in den Rezepten fast ausschließlich Zutaten eingesetzt, die

erschwinglich und nichtsdestotrotz in einer hervorragenden Qualität verfügbar sind. Natürlich schließt dies in keiner Weise aus, diese Zutaten „selber zu machen", was mich schon immer fasziniert hat und was ich selbst auch oft praktiziere.
In dem Bestreben, dieses Buch allen Liebhabern von Mixgetränken zugänglich zu machen, habe ich mir die Freiheit genommen, einige Rezepte, deren Zutaten für den Normalbürger schwer zu beschaffen sind, etwas abzuwandeln.
Bei der Erstellung dieses Buchs haben zehn Barkeeper mit mir zusammengearbeitet. Mit einigen von ihnen bin ich seit langem, mit anderen erst seit kurzem befreundet. Alle sind Profis, die durch ihren großzügigen Beitrag von selbst kreierten Rezepten diesem Band Glanz verliehen haben.
Machen wir noch einen kurzen Ausflug in die Geschichte. Woher das Wort „Cocktail" (Hahnenschwanz) eigentlich kommt, ist bis heute unklar, aber jede Menge Legenden sind darüber im Umlauf. Hier eine Auswahl der gängigsten.
Die erste erzählt von einem Barkeeper, der auf einem Raddampfer den Mississippi hinunterschipperte. Um die von der Langeweile befallenen Passagiere aufzuheitern, machte sich der Mann einen Spaß daraus, köstliche Drinks in knallbunten Farben zuzubereiten, die er den Reisenden in hübschen hahnförmigen Trinkbechern servierte.
Anderen Quellen zufolge soll das Wort „Cocktail" aus dem volkstümlichen Englisch des 18. Jahrhunderts hervorgegangen sein. Es wurde damals für Halbblutpferde verwendet und bezeichnete also eine Mischung, was ja auch dem Prinzip entspricht, das Cocktails eigen ist.
Eine hübsche Geschichte erzählt von einem mexikanischen Barkeeper in Veracruz, der aus Alkohol, Früchten und Säften Mix-Getränke herstellte und sie mit spektakulären Hahnenschwänzen garniert servierte.
Ein Hahn spielt auch in der Erzählung über einen starrsinnigen Tavernenbesitzer eine Rolle, der unbedingt die Heirat seiner Tochter Bessie verhindern wollte. Als der Lieblingshahn der Familie eines Tages verschwand, verkündete der Vater öffentlich, der von ihm missbilligten Heirat zuzustimmen, wenn nur der Hahn gefunden würde. Auf wundersame Weise tauchte dieser wieder auf und Bessie mischte zur Feier des Tages verschiedene Liköre zu

einem farbenfrohen Getränk zusammen, das sie zu Ehren des wertvollen Federviehs „Cocktail" nannte.

Die erste echte Anleitung für Mixgetränke wurde 1862 veröffentlicht, als Jerry Thomas, der als der erste Barkeeper in die Geschichte einging, den *Bartender's Guide* herausgab, einen Ratgeber mit verschiedenen Rezepten, der kontinuierlich um die erfolgreichsten Getränke aktualisiert wurde. Richtig populär wurden Cocktails gegen Ende des 19. Jahrhunderts, was eine Welle von neuen Kreationen in Gang setzte, auch kamen immer umfangreichere Handbücher auf den Markt. Eines der berühmtesten Werke war *Cocktail Boothby's American Bartender*, das 1891 bereits mehr als 350 Cocktails umfasste und zum ersten Mal zahlreiche Insidertricks zum besseren Gelingen der Drinks preisgab. Allerdings war die Wahl des Destillats als Zutat für ein Getränk nie allein der Kreativität oder dem persönlichen Geschmack eines Barkeepers überlassen. Oft wurde sie durch äußere Ereignisse beeinflusst, wie z. B. 1893, als die unkontrollierte Vermehrung der Reblaus, eines aus Amerika eingeschleppten Insekts, in Europa fast alle Rebstöcke vernichtete und die Produktion von Traubendestillaten zum Erliegen brachte. Barkeeper waren gezwungen, die Hauptbestandteile von Cocktails, die mit Cognac oder Brandy herzustellen waren, durch Gin, Wodka oder Calvados zu ersetzen, wodurch neue Drinks aufkamen. Zu Beginn des 20. Jahrhunderts wütete dann die Geißel des Alkoholismus in Europa, wo der Missbrauch von Absinth besonders weit verbreitet war. Im Jahr 1915 wurde deshalb in halb Europa die *Fée Verte* und alle Spirituosen, die das Wermutkraut enthielten, verboten. Nach dem Ende des Ersten Weltkriegs setzte 1919 in den Vereinigten Staaten unter dem starken Druck politischer und religiöser Gruppen die sich über 15 Jahre erstreckende Prohibition ein, während der Herstellung, Handel und Konsum von Alkohol verboten waren. Profitiert hat davon allerdings in erster Linie das Gangstertum, mit Protagonisten wie Al Capone, der durch Herstellung und Schmuggel von Alkohol in kürzester Zeit ein Vermögen machte. 1933, nach dem Ende der Prohibition, begann die liberale Ära der Tiki-Bars, exotisch eingerichteter Lokale mit ebenso ausgefallenen Cocktails. Einer der beharrlichsten Fürsprecher der Tiki-Bars war der Schauspieler Donn Beach, der in Hollywood das *Don the Beachcomber* eröffnete, dessen Rum-Cocktails, gereicht in schicken Gläsern, in die Geschichte eingingen.

Der „amerikanische Traum" machte auch vor den Barkeepern nicht Halt. So gelang es etwa dem Kalifornier Victor J. Bergeron in den 1940er Jahren eine äußerst erfolgreiche und langlebige Kette von Tiki-Bars zu eröffnen, die sogar die Tragödie des Zweiten Weltkriegs überstand und ihren Betrieb auch über die folgenden Jahrzehnte noch aufrechterhalten konnte. In den siebziger Jahren kreierten Barkeeper dann einige der erfolgreichsten Longdrinks wie den *Gin Tonic* oder den *Wodka Tonic*, die auch heute noch sehr gerne getrunken werden. Mitte der 1980er Jahre wurde das Konzept des *Bartending* durch die Techniken des „Freestyle" und des „Acrobatic Flair" revolutioniert. Letztere wurde nach dem Erscheinen des Films *Cocktail* von Roger Donaldson aus dem Jahr 1988 – mit einem sehr jungen Tom Cruise als akrobatischem Barkeeper – zu einer regelrechten Modeerscheinung. In den 1980er Jahren kam noch ein neuer Trend auf: Film- und Musikstars begannen, in Cocktailbars und -restaurants mit oft einem bestimmten Profil zu investieren, was das Interesse der Öffentlichkeit auf die Welt des Trinkens noch weiter magisch anzog. Burt Reynolds war der erste, der das Potenzial dieser Branche erkannte, gefolgt von Silvester Stallone, Bruce Willis und Arnold Schwarzenegger, die 1991 in New York die bekannte Restaurantkette *Planet Hollywood* eröffneten. Lassen Sie mich abschließend noch auf dem Feld des Kinos bleiben. Als großer Liebhaber der siebten Kunst und unermüdlicher Kinobesucher habe ich mich entschlossen, in 40 kleinen Extras auf Filme hinzuweisen, in denen Cocktails auf der großen Leinwand eine Rolle spielen. Wissen Sie, was der Lieblingscocktail von James Bond war, dem berühmtesten Geheimagenten der Filmgeschichte? Oder der Name des Getränks, an dem Humphrey Bogart und Ingrid Bergman nippten, als sie verliebt in Casablanca zusammensaßen? Beim Blättern durch dieses Buch, zwischen dem Mixen eines Cocktails und dem Probieren eines anderen, finden Sie darauf Antworten und vieles mehr.

Gianfranco Di Niso

HINWEIS

Zu allen Rezepten in diesem Buch finden Sie Angaben zum Alkohol- und Kaloriengehalt der Cocktails. Der Alkoholgehalt ist als Schätzwert in Vol.-%, die Kalorienangabe als Orientierungswert zu verstehen. Genaue Werte lassen sich zwar nach mathematischen Formeln exakt berechnet, aber da sie je nach Art und Marke der verwendeten Spirituosen variieren, haben wir darauf verzichtet, um Ihnen Freiheit bei der Wahl der Produkte zu lassen, die Sie für die Herstellung der einzelnen Cocktails benötigen. Betrachten Sie die angegebenen Maße deshalb als Schätz- bzw. als Richtwerte.

BARWERKZEUGE

DER JIGGER

Der Jigger, auch Barmaß oder einfach Messbecher genannt, ist ein unverzichtbares Hilfsmittel, das dafür sorgt, einen Cocktail unter Einhaltung der im Rezept angegebenen Dosierungen immer in dem gleichen Mischungsverhältnis zuzubereiten. Der Jigger misst in Zentilitern (und in Unzen), er kann aus Kunststoff, Metall oder Glas bestehen und ist in Apotheken oder Geschäften, die Laborzubehör, Kunststoffartikel, Eisenwaren oder Gummierzeugnisse verkaufen, erhältlich oder kann dort bestellt werden.

DER KONTINENTALE (ODER TRADITIONELLE) SHAKER

Der Shaker ist fast schon zum Symbol des Barkeepers geworden. Er dient dazu, die Zutaten optimal zu mischen und besteht in der Regel aus drei Teilen: einem unteren Teil (aus Stahl, Glas oder Kunststoff), in den das Eis und die einzelnen Zutaten gefüllt werden, einem perforierten Mittelteil, das als integriertes Sieb alle festen Bestandteile, die nicht in das Glas gelangen sollen (Eis, Früchte, Gewürze usw.), zurückhält, sowie einem oberen Teil, einer Kappe, die den Shaker nach oben hin verschließt und dafür sorgt, dass die Flüssigkeit beim „Schütteln" nicht herausspritzt. Die Kappe kann auch als Messbecher für Flüssigkeiten verwendet werden. Die drei Teile des Shakers müssen exakt aufeinanderpassen. Zum Ausgießen wird die Kappe einfach abgenommen und der Drink durch das integrierte Sieb in das Trinkglas abgeseiht.

DAS BARMESSER

Es ist ratsam, mehrere Messer in verschiedenen Formen und Größen, mit gezackter oder glatter Klinge bereitzuhalten, um Früchte oder Gemüse aller Art kunstgerecht schneiden oder tranchieren zu können.

DAS RÜHRGLAS (MIXING GLASS)

Für viele Getränke, die nicht geschüttelt werden, wird ein Rührglas benötigt. Dabei handelt es sich meist um einen Glasbecher, aber professionelle Barkeeper auf der ganzen Welt verwenden dazu durchaus auch das Glasteil des Boston-Shakers. Für die Zubereitung berühmter Cocktails wie dem Martini-Cocktail oder dem Manhattan ist ein Rührglas unerlässlich.

DIE ZITRUSPRESSE (JUICER)

Die Zitruspresse dient dazu, Saft zu gewinnen. Dazu wird die Zitrusfrucht halbiert und jede Hälfte mit dem gesamten Fruchtfleisch auf den Presskegel gedrückt und in Drehbewegungen ausgepresst.

DER MILCHTOPF

Der Milchtopf, versehen mit Henkel und Ausguss, ist in verschiedenen Größen erhältlich und wird für die Zubereitung von Heißgetränken verwendet. Er besteht aus Stahl, da Glas der Hitze nicht standhalten würde.

DER STÖSSEL (MUDDLER)

Der Stößel kann aus lebensmittelechtem Kunststoff, Holz oder Marmor bestehen. Er wird zum „Zerdrücken" bestimmter Zutaten verwendet, in der Regel handelt es sich dabei um Minze oder Zitrusfrüchte, die zusammen mit Zucker zerstoßen werden. Bei Drinks der Caipirinha-Familie etwa kommt er zum Einsatz.

DAS BARSIEB (STRAINER)

Dieses Utensil aus Stahl ist unentbehrlich für die Zubereitung von Cocktails, die nicht über das im Shaker integrierte Barsieb abgeseiht werden. Es verhindert, dass Eis mit in das Trinkglas gelangt.

DIE EISZANGE

Mit der Eiszange kann sowohl das Eis gefasst als auch die Garnierungen auf dem Glasrand oder direkt im Getränk drapiert werden, ohne dazu die Hände zu Hilfe nehmen zu müssen.

DER RÜHRSTAB

Mit diesem Gerät können die Cocktailzutaten wirksam vermischt werden.

DER MIXER

Der Standmixer wird zum Mischen von zwei oder mehr flüssigen oder festen Zutaten verwendet. Er verfügt über verschiedene Geschwindigkeiten und kann aus Kunststoff oder Stahl gefertigt sein. Er wird für die Zubereitung verschiedener Cocktailfamilien eingesetzt, wie die karibischen Coladas, die brasilianischen Batidas, die amerikanischen Frozen Cocktails oder die Sherbets auf Eiscremebasis.

ANYTIME COCKTAILS

Die unter diesem Oberbegriff zusammengestellten Cocktails sind alle neueren Datums, und weil sie in der Öffentlichkeit durchweg Anklang gefunden haben, sind sie auch unter dem Namen „popular drinks" bekannt. Das Besondere an den Anytime-Cocktails ist, dass sie vom frühen Nachmittag bis spät in die Nacht gut zu trinken sind.

Bei großer Hitze bieten sie eine angenehme Erfrischung und passen bestens zu einem geselligen Abend in einer Bar oder, besser noch, zur genussvollen Tanzpause in einer Disco. Mehr als alle anderen stellen diese Cocktails eine Herausforderung an die Kreativität des Barkeepers dar, der beim Mischen von Likören, Spirituosen, Fruchtsäften und Sirupen aller Art sein ganzes Talent unter Beweis stellen darf, um eine gelungene Kombination von Aromen, Düften, Formen und Farben zu erreichen. In dieser Kategorie kommt auch der optischen Erscheinung der Drinks eine große Bedeutung zu. Nicht selten werden sie in originellen Gläsern und mit zuweilen kunstvoll gestalteten Garnierungen aus frischen Früchten serviert. Eine herausragende Rolle unter den Anytime-Getränken spielt die Familie der brasilianischen Batidas, durch die der Cachaça in der ganzen Welt bekannt wurde. Batidas sind Drinks, die von fernen Aromen getragen werden und bei denen die reichliche Zutat von frischen exotischen Früchten den zusätzlichen Vorteil mit sich bringt, die Schärfe des brasilianischen Destillats zu mildern.

Zu den Urvätern der Anytime-Familie gehört der Sex on the Beach, der in den 1980er Jahren aufkam und bei jungen Leuten sofort wie ein Hit einschlug, die nicht nur von seinem fruchtigen Geschmack, sondern, zugegebenermaßen, auch von seinem Namen angezogen wurden, dem das Flair intimer Sommerabende am Meer anhaftet. Unbedingt zu erwähnen ist der Long Island Iced Tea, ein berühmter Longdrink, der sowohl farblich als auch geschmacklich an Eistee erinnert und aufgrund seines ziemlich hohen Alkoholgehalts eine seltene Ausnahme unter den Anytime-Getränken darstellt. Er sollte deshalb nur in moderaten Dosen genossen werden.

Zu den Must-Have-Cocktails dieser Kategorie gehören der Gin Tonic, der Mai Tai und der Cuba Libre. Sie vereinen im besten Fall das, was einen guten Anytime-Cocktail ausmacht: exzellent als Longdrink und bestens geeignet, an Nachmittagen und Abenden in netter Gesellschaft für gute Stimmung zu sorgen.

ANYTIME COCKTAILS

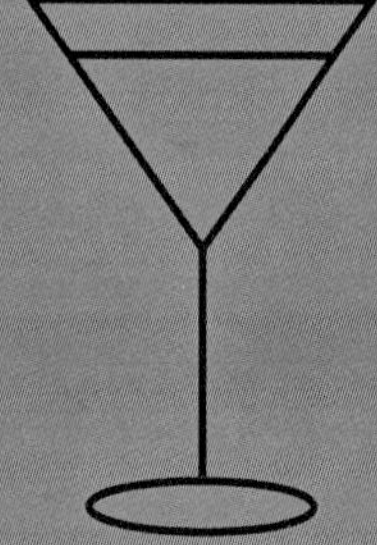

GESCHÄTZTER ALKOHOLGEHALT: 14,4
KALORIENGEHALT: 150

ALABAMA SLAMMER

(Herstellung: shake & strain – schütteln und abseihen)

ZUTATEN

2,5 cl (¾ oz) trockener Wodka oder Sloe Gin (Schlehenlikör)
2,5 cl (¾ oz) Amaretto Disaronno
2,5 cl (¾ oz) Southern Comfort
6 cl (3 oz) Orangensaft
1,5 cl (½ oz) Grenadine-Sirup (wahlweise)

ZUBEREITUNG

In einem Jigger nacheinander 2,5 cl (¾ oz) Wodka oder Gin, 2,5 cl (¾ oz) Amaretto Disaronno, 2,5 cl (¾ oz) Southern Comfort, 6 cl (3 oz) Orangensaft und 1,5 cl (½ oz) Grenadine abmessen und in einen Shaker geben. Eiswürfel hinzufügen und einige Sekunden lang kräftig schütteln. Durch ein Barsieb, mit dem das Eis im Shaker zurückgehalten wird, in einen hohen, mit Eis gefüllten Tumbler abseihen. Mit ½ Orangenscheibe, 2 Cocktailkirschen und 2 langen Trinkhalmen garniert servieren.

UNSER TIPP

Erfrischender Longdrink, auch gut tagsüber zu trinken.

APACHE

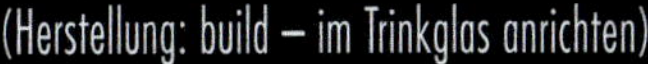
(Herstellung: build – im Trinkglas anrichten)

GESCHÄTZTER ALKOHOLGEHALT: 7,8
KALORIENGEHALT: 92

ZUTATEN

3 cl (1 oz) weißer Portwein
2,5 cl (¾ oz) Bitter
(unsere Empfehlung:
Campari Bitter)
6 cl (2 oz) Orangensaft
3 cl (1 oz) Grapefruitsaft
1,5 cl (½ oz) Grenadine-Sirup

ZUBEREITUNG

In einem Jigger nacheinander 3 cl (1 oz) weißen Portwein, 2,5 cl (¾ oz) Bitter, 6 cl (2 oz) Orangensaft, 3 cl (1 oz) Grapefruitsaft und 1,5 cl (½ oz) Grenadine abmessen und in einen hohen, mit Eis gefüllten Tumbler gießen. Einige Sekunden lang mit einem Barlöffel umrühren und mit 1 Orangenspalte, 2 Cocktailkirschen, 1 Minzzweig und 2 langen Trinkhalmen garniert servieren.

UNSER TIPP

Ein hervorragender Aperitif, der auch zu jeder anderen Zeit des Tages erfreut.

GESCHÄTZTER ALKOHOLGEHALT: 14,3
KALORIENGEHALT: 152

BAHAMA MAMA

(Herstellung: shake & strain – schütteln und abseihen)

ZUTATEN

3 cl (1 oz) brauner Rum
1,5 cl (½ oz) Malibu-Likör
6 cl (2 oz) Ananassaft
1,5 cl (½ oz) Bananencreme
3 cl (1 oz) Orangensaft
1,5 cl (½ oz) Grenadine-Sirup

ZUBEREITUNG

In einem Jigger nacheinander 3 cl (1 oz) Rum, 1,5 cl (½ oz) Malibu-Likör, 1,5 cl (½ oz) Bananencreme, 3 cl (1 oz) Orangensaft, 6 cl (2 oz) Ananassaft und 1,5 cl (½ oz) Grenadine-Sirup abmessen und in einen Shaker geben. Eiswürfel hinzufügen und einige Sekunden lang kräftig schütteln. Durch ein Barsieb, das die im Shaker befindlichen Eiswürfel zurückhält, in einen hohen, mit Eis gefüllten Tumbler abseihen. Garniert mit ½ Ananasscheibe, ½ Orangenscheibe, 3 Cocktailkirschen und 2 langen Trinkhalmen ist der Cocktail servierfertig.

UNSER TIPP

Ein hervorragender, zu jeder Gelegenheit passender Longdrink.

GESCHÄTZTER ALKOHOLGEHALT: 8,2
KALORIENGEHALT: 174

BARBARA WINE

(Herstellung: shake & strain – schütteln und abseihen)

ZUTATEN

4,5 cl (1 ½ oz) Müller-Thurgau
1,5 cl (½ oz) Maraschino-Kirschlikör
9 cl (3 oz) Ananassaft
1,5 cl (½ oz) Erdbeersaft
1,5 cl (½ oz) Grenadine-Sirup

ZUBEREITUNG

Alle Zutaten nacheinander in einem Jigger abmessen und in einen Shaker geben. Eiswürfel hinzufügen und einige Sekunden lang kräftig schütteln. Durch ein Barsieb, mit dem das Eis im Shaker zurückgehalten wird, in einen hohen, mit Eis gefüllten Tumbler abseihen und mit ½ Ananasscheibe, 2 Cocktailkirschen und 2 langen Trinkhalmen garniert servieren.

UNSER TIPP

Ein fantastisches Erfrischungsgetränk, das jederzeit erfreut.

GESCHÄTZTER ALKOHOLGEHALT: 9,6
KALORIENGEHALT: 216

BATIDA DE COCO

(Herstellung: blender – im Mixer)

ZUTATEN

4,5 cl (1 ½ oz) Cachaça
20 g (ca.) weißer Zucker oder Rohrzucker
2,5 cl (¾ oz) Zuckersirup
3 cl (1 oz) Kokosnusspüree

ZUBEREITUNG

In einem Jigger nacheinander 4,5 cl (1 ½ oz) Cachaça, 2,5 cl (¾ oz) Zuckersirup und 3 cl (1 oz) Kokosnusspüree abmessen und in einen Mixer geben. Etwa 20 g Zucker und ½ niedrigen Tumbler voll Crushed Ice hinzufügen. Das Ganze 15-20 Sekunden lang mixen. In einen hohen Tumbler füllen und mit einigen frischen Kokosnussstücken und 2 langen Trinkhalmen garnieren.

UNSER TIPP

Köstlich jederzeit.

BITTER SWEET

GESCHÄTZTER ALKOHOLGEHALT: 10,8
KALORIENGEHALT: 203

ZUTATEN

3 cl (1 oz) Aperol
1,5 cl (½ oz) Bitter (unsere Empfehlung: Campari Bitter)
3 cl (1 oz) Pfirsich-Wodka
100 g (ca.) Pfirsicheis

ZUBEREITUNG

In einem Jigger nacheinander 3 cl (1 oz) Aperol, 1,5 cl (½ oz) Bitter und 3 cl (1 oz) Pfirsichwodka abmessen und in einen Mixer geben. Ca. 100 g Pfirsicheis und ½ niedrigen Tumbler voll Crushed Ice hinzufügen, 15-20 Sekunden lang mixen und in einen hohen Tumbler füllen. Mit Orangen- oder frischen Pfirsichspalten und 2 langen Trinkhalmen garnieren und servieren.

UNSER TIPP

Ein sympathischer Aperitif.

GESCHÄTZTER ALKOHOLGEHALT: 12,6
KALORIENGEHALT: 234

BLUE HAWAIAN COLADA

(Herstellung: blender – im Mixer)

ZUTATEN

3 cl (1 oz) weißer Rum
3 cl (1 oz) Blue Curaçao
9 cl (3 oz) Ananassaft
3 cl (1 oz) Kokosnusspüree

ZUBEREITUNG

In einem Jigger nacheinander 3 cl (1 oz) Rum, 3 cl (1 oz) Blue Curaçao, 9 cl (3 oz) Ananassaft und 3 cl (1 oz) Kokosnusspüree abmessen und in einen Mixer geben. ½ niedrigen Tumbler voll Crushed Ice hinzufügen und 15-20 Sekunden lang mixen. Die Mischung in einen hohen Tumbler füllen und mit ½ Ananasscheibe, 2 Cocktailkirschen und 2 langen Trinkhalmen garniert servieren.

UNSER TIPP

Ausgezeichnetes Getränk für die Nachmittags- und Abendstunden.

BLUE LAGOON

GESCHÄTZTER ALKOHOLGEHALT: 15,6
KALORIENGEHALT: 131

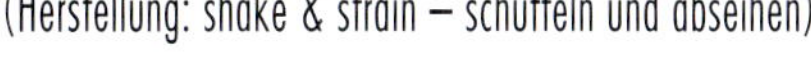
(Herstellung: shake & strain – schütteln und abseihen)

ZUTATEN

4,5 cl (1 ½ oz) trockener Wodka
2,5 cl (¾ oz) Blue Curaçao
3 cl (1 oz) Zitronen- oder Limettensaft

ZUBEREITUNG

In einem Jigger nacheinander 4,5 cl (1 ½ oz) trockenen Wodka, 3 cl (1 oz) Zitronen- oder Limettensaft und 2,5 cl (¾ oz) Blue Curaçao abmessen und in einen Shaker geben. Eiswürfel hinzufügen und einige Sekunden lang schütteln. Durch ein Barsieb, mit dem das Eis im Shaker zurückgehalten wird, in ein im Gefrierfach vorgekühltes Cocktailglas abseihen und mit 1 Zitronenspalte garniert servieren.

UNSER TIPP

Ein Digestif, der alle Erwartungen erfüllt.

GESCHÄTZTER ALKOHOLGEHALT: 22,2
KALORIENGEHALT: 139

BLUE MARGARITA

(Herstellung: shake & strain – schütteln und abseihen)

ZUTATEN

4,5 cl (1 ½ oz) Tequila
2,5 cl (¾ oz) Blue Curaçao
1,5 cl (½ oz) Cointreau oder Triple Sec
2,5 cl (¾ oz) Zitronen- oder Limettensaft
Feines Salz

ZUBEREITUNG

Den halben Rand eines im Gefrierfach vorgekühlten Margarita- oder Coupette-Glases mit einem Stück Zitrone oder Limette benetzen. Das Glas kopfüber vorsichtig in ein mit reichlich Salz gefülltes Schälchen tupfen, bis das Salz an der befeuchteten Hälfte haften bleibt. In einem Jigger nacheinander 4,5 cl (1 ½ oz) Tequila, 2,5 cl (¾ oz) Blue Curaçao, 1,5 cl (½ oz) Cointreau oder Triple Sec und 2,5 cl (¾ oz) Zitronen- oder Limettensaft abmessen und in einen Shaker geben. Einige Eiswürfel hinzufügen und mehrmals kräftig schütteln. Durch ein Barsieb in das vorbereitete Margarita- oder Coupette-Glas abseihen – die Eiswürfel bleiben dabei im Shaker zurück – und servieren.

UNSER TIPP

Ein Getränk, das sich für alle Abendstunden gut eignet und auch als Aperitif zunehmend in Mode kommt.

CAIPIRIÑHA

(Herstellung: mit einem muddler – Stößel)

GESCHÄTZTER ALKOHOLGEHALT: 18,9

KALORIENGEHALT: 213

In seinem Meisterwerk aus dem Jahr 2005 betont Woody Allen nachdrücklich, dass das Schicksal eine entscheidende Rolle im Leben eines Menschen spielt. Der Regisseur überrascht uns mit der Wahl eines Genres, das weit von seinem eigenen entfernt ist, und mit einer Geschichte, die Anklänge an Dostojewski hat. Im Mittelpunkt steht ein junger, ehrgeiziger und von den Ereignissen überforderter Tennislehrer, der das gute Leben und Caipiriñhas *in Gesellschaft hochrangiger Freunde liebt.*

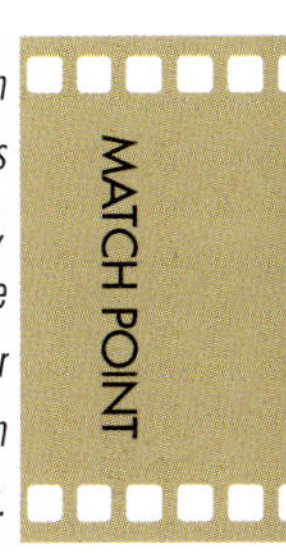

ZUTATEN

½ Limette
20 g (ca.) weißer Zucker oder Rohrzucker
6 cl (2 oz) Cachaça

ZUBEREITUNG

Eine in Würfel geschnittene halbe Limette und ca. 20 g Zucker in einen niedrigen Tumbler geben und mithilfe eines Stößels zu einer Paste zerstoßen. Das Glas mit Crushed Ice füllen. 6 cl (2 oz) Cachaça in einem Jigger abmessen und hinzufügen. Das Ganze einige Sekunden lang mit einem Barlöffel umrühren, um die Zutaten gut zu vermischen. Mit 2 kurzen Trinkhalmen garniert servieren.

UNSER TIPP

Als Aperitif am Abend hat der Drink Kultstatus, aber auch als After-Dinner erfreut er sich regen Zuspruchs.

GESCHÄTZTER ALKOHOLGEHALT: 12,2
KALORIENGEHALT: 122

CHEROKEE

(Herstellung: build – im Trinkglas anrichten)

ZUTATEN

3 cl (1 oz) Gin
2,5 cl (¾ oz) Bitter (unsere Empfehlung: Campari Bitter)
6 cl (2 oz) Orangensaft
3 cl (1 oz) Grapefruitsaft
1,5 cl (½ oz) Grenadine-Sirup

ZUBEREITUNG

In einem Jigger nacheinander 3 cl (1 oz) Gin, 2,5 cl (¾ oz) Bitter, 6 cl (2 oz) Orangensaft, 3 cl (1 oz) Grapefruitsaft und 1,5 cl (½ oz) Grenadine abmessen und in einen hohen, mit Eis gefüllten Tumbler gießen. Die Mischung mit einem Barlöffel gut umrühren und mit 2 Cocktailkirschen, 1 Minzzweig und 2 Orangenscheiben garnieren. Mit 2 langen Trinkhalmen servieren.

UNSER TIPP

Ein Longdrink, der sich bestens als Aperitif eignet.

WHISKY-COLA

(Herstellung: build – im Trinkglas anrichten)

GESCHÄTZTER ALKOHOLGEHALT: 12,4
KALORIENGEHALT: 156

THELMA UND LOUISE

Ein Roadmovie von Ridley Scott, der in die Geschichte des feministischen Kinos eingegangen ist. Die beiden Freundinnen Thelma (Geena Davis) und Louise (Susan Sarandon) sind nach einem Mord auf der Flucht nach Mexiko, als Thelma in einer Bar einen Whisky mit Cola bestellt. 1991 war das Publikum gleichermaßen von dem Film, den beiden Schauspielerinnen – und dem Longdrink begeistert.

ZUTATEN

4,5 cl (1 ½ oz) Whiskey (vorzugsweise amerikanischer)
12 cl (4 oz) Cola

ZUBEREITUNG

4,5 cl (1 ½ oz) Whiskey in einem Jigger abmessen und in einen hohen, mit Eis gefüllten Tumbler gießen. Mit 12 cl (4 oz) Cola auffüllen. Umrühren und mit 1 Zitronenspalte und 2 langen Trinkhalmen garniert servieren.

UNSER TIPP

Beliebt bei jungen Leuten, ideal zu jeder Tageszeit.

GESCHÄTZTER ALKOHOLGEHALT: 11,6
KALORIENGEHALT: 135

CUBA LIBRE

(Herstellung: build – im Trinkglas anrichten)

ZUTATEN

4,5 cl (1 ½ oz) weißer oder goldener Rum
1,5 cl (½ oz) Zitronen- oder Limettensaft
12 cl (4 oz) Cola

ZUBEREITUNG

4,5 cl (1 ½ oz) weißen oder goldenen Rum in einem Jigger abmessen und in einen hohen, mit Eis gefüllten Tumbler geben. 1,5 cl (½ oz) Zitronen- oder Limettensaft dazugeben und mit 12 cl (4 oz) Cola auffüllen. Mehrmals umrühren und mit 2 langen Trinkhalmen und einer Limetten- oder Zitronenspalte garniert servieren.

UNSER TIPP

Ein ausgezeichneter Longdrink, von Weltruf.

DAIQUIRI FROZEN

(Herstellung: blender – im Mixer)

GESCHÄTZTER ALKOHOLGEHALT: 12,3
KALORIENGEHALT: 142

ZUTATEN

6 cl (2 oz) weißer oder goldener Rum
3 cl (1 oz) Zitronen- oder Limettensaft
3 cl (1 oz) Zuckersirup

ZUBEREITUNG

In einem Jigger nacheinander 6 cl (2 oz) Rum, 3 cl (1 oz) Zitronen- oder Limettensaft und 3 cl (1 oz) Zuckersirup abmessen und in einen Mixer geben. ½ hohen Tumbler voll Crushed Ice hinzufügen und das Ganze 15-20 Sekunden lang mixen. In einen niedrigen Tumbler füllen und mit 1 Zitronenscheibe und 2 kurzen Trinkhalmen garniert servieren.

UNSER TIPP

Erfrischendes Getränk, das auch als Digestif geschätzt wird.

DOLCE GRECIA

(Herstellung: shake & strain – schütteln und abseihen)

ZUTATEN

4,5 cl (1 ½ oz) Samos Likörwein
2,5 cl (¾ oz) Zitronen- oder Limettensaft
1,5 cl (½ oz) Zuckersirup

ZUBEREITUNG

In einem Jigger nacheinander 4,5 cl (1 ½ oz) Samos Likörwein, 2,5 cl (¾ oz) Zitronen- oder Limettensaft und 1,5 cl (½ oz) Zuckersirup abmessen und in einen Shaker geben. Eiswürfel hinzufügen und einige Sekunden lang kräftig schütteln. Durch ein Barsieb, mit dem das Eis im Shaker zurückgehalten wird, in ein im Gefrierfach vorgekühltes Cocktailglas abseihen und servieren.

UNSER TIPP

Als Drink nach dem Essen sehr geschätzt.

GESCHÄTZTER ALKOHOLGEHALT: 6,3
KALORIENGEHALT: 62

ENERGY

(Herstellung: build – im Trinkglas anrichten)

ZUTATEN

4,5 cl (1 ½ oz) roter Wermut
6 cl (2 oz) ACE-Saft

ZUBEREITUNG

Nacheinander 4,5 cl (1 ½ oz) roten Wermut und 6 cl (2 oz) ACE-Saft in einem Jigger abmessen und in einen niedrigen, mit Eis gefüllten Tumbler gießen. Mit einem Barlöffel einige Sekunden lang behutsam umrühren. Mit Orangen-, Zitronen- und Limettenscheiben sowie 2 kurzen Trinkhalmen garniert servieren.

UNSER TIPP

Ein ausgezeichneter, energiereicher Aperitif.

GESCHÄTZTER ALKOHOLGEHALT: 10,8
KALORIENGEHALT: 115

ERIKA

von Vincenzo Giaimo

(Herstellung: shake & strain – schütteln und abseihen)

ZUTATEN

1,5 cl (½ oz) Gin
1,5 cl (½ oz) Orangensaft
3 cl (1 oz) Sherry
3 cl (1 oz) Vanille-Likör
1,5 g (ca. ¼ Teelöffel) gemahlener Zimt

ZUBEREITUNG

In einem Jigger nacheinander 1,5 cl (½ oz) Gin, 1,5 cl (½ oz) Orangensaft, 3 cl (1 oz) Sherry und 3 cl (1 oz) Vanillelikör abmessen und in einen Shaker geben. Mehrere Eiswürfel und 1,5 g gemahlenen Zimt hinzufügen und einige Sekunden lang kräftig schütteln. Durch ein Barsieb, mit dem das Eis im Shaker zurückgehalten wird, in ein im Gefrierfach vorgekühltes Cocktailglas abseihen.
Mit Cocktailkirschen garnieren.

UNSER TIPP

Eignet sich ausgezeichnet als Aperitif vor dem Abendessen.

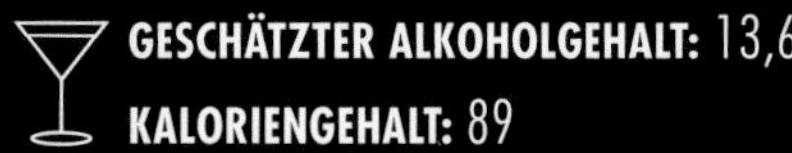

GESCHÄTZTER ALKOHOLGEHALT: 15,8
KALORIENGEHALT: 210

FRENCH KISS

(Herstellung: blender – im Mixer)

ZUTATEN

6 cl (2 oz) Aperol
2,5 cl (¾ oz)
Bitter (unsere Empfehlung: Campari Bitter)
2,5 cl (¾ oz)
Grand Marnier
100 g (ca.) ACE-Eiscreme

ZUBEREITUNG

In einem Jigger nacheinander 6 cl (2 oz) Aperol, 2,5 cl (¾ oz) Grand Marnier und 2,5 cl (¾ oz) Bitter abmessen und in einen Mixer geben. Ca. 100 g Eiscreme und ½ niedrigen Tumbler voll Crushed Ice hinzufügen. 15-20 Sekunden lang mixen und in einen hohen Tumbler füllen. Mit ½ Ananasscheibe, 2 Cocktailkirschen und 2 langen Trinkhalmen garniert servieren.

UNSER TIPP

Köstlicher Aperitif.

GIN FIZZ

GESCHÄTZTER ALKOHOLGEHALT: 12,6
KALORIENGEHALT: 108

(Herstellung: shake & strain – schütteln und abseihen)

ZUTATEN

4,5 cl (1 ½ oz) Gin
3 cl (1 oz) Zitronen- oder Limettensaft
1,5 cl (½ oz) Zuckersirup
6 cl (2 oz) Soda oder Sprudelwasser

ZUBEREITUNG

In einem Jigger nacheinander 4,5 cl (1 ½ oz) Gin, 3 cl (1 oz) Zitronen- oder Limettensaft und 1,5 cl (½ oz) Zuckersirup abmessen und in einen Shaker geben. Ein paar Eiswürfel hinzufügen und einige Sekunden lang kräftig schütteln. Die Mischung durch ein Barsieb, mit dem das Eis im Shaker zurückgehalten wird, in einen hohen, mit Eis gefüllten Tumbler gießen. 6 cl (2 oz) Soda oder Sprudelwasser in dem Jigger abmessen und hinzufügen. Mit einem Barlöffel vorsichtig umrühren und mit 2 Cocktailkirschen, ½ Zitronenscheibe und 2 langen Trinkhalmen garniert servieren.

UNSER TIPP

Ein legendäres Getränk, das sich hervorragend als Digestif eignet und jederzeit ein Genuss ist.

GESCHÄTZTER ALKOHOLGEHALT: 12,3
KALORIENGEHALT: 108

GIN LEMON

(Herstellung: build – im Trinkglas anrichten)

ZUTATEN

4,5 cl (1 ½ oz) Gin
12 cl (4 oz) Zitronengetränk

ZUBEREITUNG

4,5 cl (1 ½ oz) Gin in einem Jigger abmessen und in einen hohen, mit Eis gefüllten Tumbler gießen. Bis zum Rand mit 12 cl (4 oz) Zitronengetränk auffüllen und mit 2 langen Trinkhalmen garniert servieren.

UNSER TIPP

Ein erfrischender Longdrink, perfekt für die heißesten Stunden des Tages.

GIN TONIC

(Herstellung: build – im Trinkglas anrichten)

GESCHÄTZTER ALKOHOLGEHALT: 12,2
KALORIENGEHALT: 142

FIFTY SHADES OF GREY

Zu den mehr oder weniger geheimen Leidenschaften des düsteren Milliardärs Christian Grey (Jamie Dornan) aus Seattle gehören nicht nur Fesselspiele und Sadomasochismus, in die er seine Partnerinnen verwickelt, sondern auch Gin, von dem er unzählige Marken kennt und den er unter Zugabe von Tonic Water und Gewürzgurke reichlich konsumiert. Damit hat der Cocktail 2015 in den angesagtesten Clubs einen regelrechten Modetrend ausgelöst.

ZUTATEN

4,5 cl (1 ½ oz) Gin
12 cl (4 oz) Tonic Water

ZUBEREITUNG

4,5 cl (1 ½ oz) Gin in einem Jigger abmessen und in einen hohen, mit Eis gefüllten Tumbler gießen. 12 cl (4 oz) Tonic Water bis knapp unter den Rand zufügen und mit 2 langen Trinkhalmen und einer Zitronen- oder Limettenscheibe garniert servieren.

UNSER TIPP

Ein Longdrink, der zu jeder Tageszeit passt und sich auch hervorragend als Aperitif eignet.

GESCHÄTZTER ALKOHOLGEHALT: 19,8
KALORIENGEHALT: 159

GRAN MARGARITA

(Herstellung: shake & strain – schütteln und abseihen)

ZUTATEN

4,5 cl (1 ½ oz) Tequila Reposado
3 cl (1 oz) Grand Marnier
2,5 cl (¾ oz) Zitronen- oder Limettensaft
Salz

ZUBEREITUNG

Den halben Rand eines im Gefrierfach vorgekühlten Margarita- oder Coupette-Glases mit einem Stück Zitrone oder Limette benetzen. Das Glas kopfüber vorsichtig in ein mit reichlich Salz gefülltes Schälchen tupfen, bis das Salz an der befeuchteten Hälfte haften bleibt. In einem Jigger nacheinander 4,5 cl (1 ½ oz) Tequila Reposado, 3 cl (1 oz) Grand Marnier und 2,5 cl (¾ oz) Zitronen- oder Limettensaft abmessen und in einen Shaker geben. Einige Eiswürfel hinzufügen und mehrmals kräftig schütteln. Durch ein Barsieb in das vorbereitete Margarita- oder Coupette-Glas abseihen – die Eiswürfel bleiben dabei im Shaker zurück. Jetzt kann serviert werden.

UNSER TIPP

Ein perfekter Cocktail, um die schönsten Stunden des Abends zu genießen.

HARVEY WALLBANGER

(Herstellung: build – im Trinkglas anrichten)

GESCHÄTZTER ALKOHOLGEHALT: 17,8

KALORIENGEHALT: 190

Dieser coole und raffinierte Cocktail ist im Truckdriver-Slang gleichbedeutend mit „betrunkener Fahrer" und wird in dieser lustigen Komödie von 1980 mit Gene Wilder und Richard Pryor in den Hauptrollen in einer Bar bestellt, und zwar „für alle". Einer der zwei Freunde ist taub, der andere blind, und als die beiden in einen Mordfall verwickelt werden, wird ihr Leben auf den Kopf gestellt, was eine Reihe lustiger Gags produziert.

ZUTATEN

4,5 cl (1 ½ oz) trockener Wodka
9 cl (3 oz) Orangensaft
2,5 cl (¾ oz) Galliano-Likör

ZUBEREITUNG

In einem Jigger nacheinander 4,5 cl (1 ½ oz) trockenen Wodka und 9 cl (3 oz) Orangensaft abmessen und in einen hohen, mit Eis gefüllten Tumbler gießen. Mit einem Barlöffel umrühren. 2,5 cl (¾ oz) Galliano-Likör in dem Jigger abmessen und mit einem Löffel vorsichtig über die anderen Zutaten schichten. Mit 2 langen Trinkhalmen, 2 Cocktailkirschen und ½ Orangenscheibe garniert servieren.

UNSER TIPP

Ein überraschend süffiger, zu jeder Tageszeit geschätzter Longdrink.

EVITA

Ein mitreißendes Musical aus dem Jahr 1996 unter der Regie von Alan Parker über das glanzvolle, aber unglückliche Leben von Evita Peron, gespielt von einer herausragenden Madonna. Während eines Pferderennens trinken mehrere Vertreter der „besseren" Gesellschaft von Buenos Aires einen Horse's Neck, *der dank des Erfolgs von Evita eine weltweite Renaissance erlebt.*

HORSE'S NECK

(Herstellung: build – im Trinkglas anrichten)

ZUTATEN

4,5 cl (1 ½ oz) Cognac
12 cl (4 oz) Ginger Ale
2-3 Spritzer (*dash*) Angostura Bitter (wahlweise)

ZUBEREITUNG

4,5 cl (1 ½ oz) Cognac in einem Jigger abmessen, in einen hohen, mit Eis gefüllten Tumbler gießen und mit 2-3 Spritzer Angostura beträufeln. Bis knapp unter den Rand mit 12 cl (4 oz) Ginger Ale auffüllen und mit ½ Orangenscheibe und 2 langen Trinkhalmen garniert servieren.

UNSER TIPP

Ausgezeichneter Longdrink, ideal zu jeder Tageszeit.

GESCHÄTZTER ALKOHOLGEHALT: 10,8
KALORIENGEHALT: 108

HOT EXPLOSION

(Herstellung: blender – im Mixer)

ZUTATEN

4,5 cl (1 ½ oz) weißer Wermut
3 cl (1 oz) Bananen-Smoothie oder -Püree
3 cl (1 oz) Pfirsich-Smoothie oder -Püree
3 cl (1 oz) Orangensaft
½ Teelöffel Chilipulver

ZUBEREITUNG

Alle Zutaten in einem Jigger abmessen und zusammen mit ½ Teelöffel Chilipulver und ½ niedrigen Tumbler voll Crushed Ice in einen Mixer geben. 15-20 Sekunden lang mixen und in einen hohen Tumbler füllen. Mit etwas Chilipulver bestreuen und mit 2 langen Trinkhalmen garniert servieren.

UNSER TIPP

Besonders empfehlenswert, wenn „Leidenschaft" im Spiel ist.

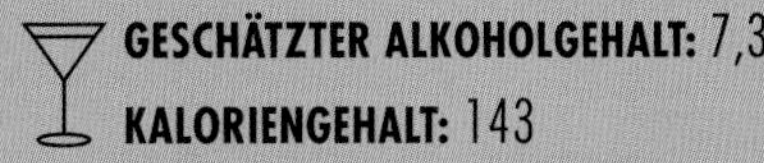

HUGO

(Herstellung: build – im Trinkglas anrichten)

ZUTATEN

3 cl (1 oz) Holunderblütensirup
6 cl (2 oz) Sekt brut oder Champagner
6 cl (2 oz) eisgekühltes Soda oder Sprudelwasser

ZUBEREITUNG

In einem Jigger nacheinander 3 cl (1 oz) Holunderblütensirup, 6 cl (2 oz) gekühlten Sekt brut oder Champagner und 6 cl (2 oz) gekühltes Soda oder Sprudelwasser abmessen und in ein Weinglas gießen. Einige Sekunden lang behutsam umrühren und mit 1 Minzzweig und 1 Zitronenspalte garniert servieren.

UNSER TIPP

Der Cocktail ist als toller Aperitif bekannt, aber erfreut auch zu jeder anderen Zeit des Tages. Bei der klassischen Variante wird das Glas mit Eis gefüllt.

GESCHÄTZTER ALKOHOLGEHALT: 7,6
KALORIENGEHALT: 146

I DUE GOLFI

von Renato Pinfildi

(Herstellung: shake & strain – schütteln und abseihen)

ZUTATEN

3 cl (1 oz) Mezcal
3 cl (1 oz) trockener italienischer Gin
1 cl (¼ oz) Mela Annurca (Apfellikör)
1,5 cl (½ oz) frischer Limettensaft
1 cl (¼ oz) frischer Zitronensaft aus Sorrent
2 cl (¾ oz) Agavenhonig
2 Spritzer (*dash*) Tabasco
schwarzes Salz aus Hawaii

ZUBEREITUNG

Den Rand einer im Gefrierfach vorgekühlten Cocktailschale zur Hälfte mit einem Stück Zitrone oder Limette benetzen. Das Glas kopfüber vorsichtig in ein mit reichlich schwarzem Hawaiisalz gefülltes Schälchen tupfen, bis das Salz an der befeuchteten Hälfte haften bleibt. In einem Jigger nacheinander 3 cl (1 oz) Mezcal, 3 cl (1 oz) Gin, 1 cl (¼ oz) Mela Annurca, 1 cl (¼ oz) Zitronensaft und 1,5 cl (½ oz) Limettensaft abmessen und in einen Shaker geben. 2 Spritzer Tabasco, den Agavenhonig sowie ein paar Eiswürfel hinzufügen und das Ganze einige Sekunden lang kräftig schütteln. Durch ein Barsieb, mit dem das Eis im Shaker zurückgehalten wird, in das vorbereitete Glas abseihen und servieren.

UNSER TIPP

Ein großartiger Drink, tagsüber wie abends ein Genuss.

GESCHÄTZTER ALKOHOLGEHALT: 17,2
KALORIENGEHALT: 184

GESCHÄTZTER ALKOHOLGEHALT: 12,3
KALORIENGEHALT: 148

JUS D'AMOUR BARBARA

(Herstellung: shake & strain – schütteln und abseihen)

ZUTATEN

3 cl (1 oz) weißer Rum
2,5 cl (¾ oz) Maraschino-Kirschlikör
7,5 cl (2 ½ oz) Ananassaft
3 cl (1 oz) Erdbeer-Smoothie oder -Saft
1,5 cl (½ oz) Grenadine-Sirup

ZUBEREITUNG

In einem Jigger nacheinander 3 cl (1 oz) Rum, 2,5 cl (¾ oz) Maraschino, 7,5 cl (2 ½ oz) Ananassaft, 3 cl (1 oz) Erdbeersmoothie oder -saft und 1,5 cl (½ oz) Grenadine abmessen und in einen Shaker geben. Eiswürfel hinzufügen und einige Sekunden lang kräftig schütteln. Durch ein Barsieb, das die im Shaker befindlichen Eiswürfel zurückhält, in einen hohen, mit Eis gefüllten Tumbler abseihen. Mit ½ Ananasscheibe, 2 Cocktailkirschen und 2 langen Trinkhalmen garnieren und servieren.

UNSER TIPP

Ein tolles, besonders bei Frauen beliebtes Getränk.

LISBONA BEACH

(Herstellung: shake & strain – schütteln und abseihen)

GESCHÄTZTER ALKOHOLGEHALT: 11,8

KALORIENGEHALT: 138

ZUTATEN

3 cl (1 oz) weißer Portwein
3 cl (1 oz) Pfirsichlikör
6 cl (2 oz) Orangensaft
6 cl (2 oz) kalifornischer Cranberrysaft

ZUBEREITUNG

In einem Jigger nacheinander 3 cl (1 oz) weißen Portwein, 3 cl (1 oz) Pfirsichlikör, 6 cl (2 oz) Orangensaft und 6 cl (2 oz) Cranberrysaft abmessen und in einen Shaker geben. Ein paar Eiswürfel hinzufügen und kräftig schütteln. Durch ein Barsieb, mit dem das Eis im Shaker zurückgehalten wird, in einen hohen, mit Eis gefüllten Tumbler abseihen. Nach eigenem Belieben mit Zitrusspalten und einer Johannisbeertraube garnieren und mit 2 langen Trinkhalmen servieren.

UNSER TIPP

Ein jederzeit willkommenes Erfrischungsgetränk.

GESCHÄTZTER ALKOHOLGEHALT: 24,2
KALORIENGEHALT: 206

LONG ISLAND ICED TEA

(Herstellung: build – im Trinkglas anrichten)

ZUTATEN

2,5 cl (¾ oz) Gin
2,5 cl (¾ oz) weißer oder goldener Rum
2,5 cl (¾ oz) trockener Wodka
2,5 cl (¾ oz) Cointreau oder Triple Sec
2,5 cl (¾ oz) Zitronen- oder Limettensaft
2,5 cl (¾ oz) Zuckersirup
3 cl (1 oz) Cola

ZUBEREITUNG

In einem Jigger nacheinander 2,5 cl (¾ oz) weißen oder goldenen Rum, 2,5 cl (¾ oz) Gin, 2,5 cl (¾ oz) Cointreau oder Triple Sec, 2,5 cl (¾ oz) trockenen Wodka, 2,5 cl (¾ oz) Zitronen- oder Limettensaft und 2,5 cl (¾ oz) Zuckersirup abmessen und in einen hohen, mit Eis gefüllten Tumbler gießen. 3 cl (1 oz) Cola hinzufügen und die Zutaten mit einem Barlöffel mehrmals kräftig umrühren. Mit 2 langen Trinkhalmen und einer halben Limetten- oder Zitronenscheibe garniert servieren.

UNSER TIPP

Ein Getränk, das zu allen Tageszeiten passt, aber aufgrund seines hohen Alkoholgehalts verantwortungsvoll genossen werden sollte.

LULÙ ICE

(Herstellung: blender – im Mixer)

GESCHÄTZTER ALKOHOLGEHALT: 14,2
KALORIENGEHALT: 226

ZUTATEN

6 cl (2 oz) Aperol
2,5 cl (¾ oz) Bitter
(unsere Empfehlung:
Campari Bitter)
3 cl (1 oz)
ìMandarinetto
Isolabella (Mandarinenlikör)
100 g (ca.) ACE-Eiscreme

ZUBEREITUNG

In einem Jigger nacheinander 6 cl (2 oz) Aperol, 3 cl (1 oz) Mandarinetto Isolabella und 2,5 cl (¾ oz) Bitter abmessen und in einen Mixer geben. Ca. 100 g Eiscreme und ½ niedrigen Tumbler voll Crushed Ice hinzufügen. 15-20 Sekunden lang mixen und in einen hohen Tumbler füllen. Mit ½ Orangenscheibe, 1 Cocktailkirsche und 2 langen Trinkhalmen garniert servieren.

UNSER TIPP

Ausgezeichneter Aperitif.

MADEIRA-AMARETTO-COLADA

(Herstellung: blender – im Mixer)

ZUTATEN

3 cl (1 oz) süßer weißer Madeira
3 cl (1 oz) Amaretto Disaronno
1,5 cl (½ oz) Kokosnusspüree
9 cl (3 oz) Ananassaft

ZUBEREITUNG

Die Zutaten nacheinander in einem Jigger abmessen und in einen Mixer geben. ½ hohen Tumbler voll Crushed Ice hinzufügen und 15-20 Sekunden lang mixen. In den Tumbler füllen und mit ½ Ananasscheibe, 2 Cocktailkirschen, 2 langen Trinkhalmen und einigen Amaretti garniert servieren.

UNSER TIPP

Jederzeit ein Genuss.

MAI TAI

(Herstellung: shake & strain – schütteln und abseihen)

GESCHÄTZTER ALKOHOLGEHALT: 18,6
KALORIENGEHALT: 182

GOOD WILL HUNTING

Unter der Regie des talentierten Gus Van Sant katapultierte dieser Film aus dem Jahr 1997 die beiden Freunde Matt Damon und Ben Affleck (die auch das Drehbuch schrieben und dafür einen Oscar gewannen) in den Olymp von Hollywood. In dem klassischen Entwicklungsroman ist in einer der Sequenzen die Freundin von Will (Matt Damon) zu hören, wie sie in einer Bar „noch einen Mai Tai" bestellt. Der tropische Drink kam Ende der 1990er Jahre, auch dank dieses Films, wieder in Mode.

ZUTATEN

4,5 cl (1 ½ oz) weißer Rum
2,5 cl (¾ oz) brauner Rum
1,5 cl (½ oz) Limetten- oder Zitronensaft
1,5 cl (½ oz) Cointreau oder Triple Sec
1,5 cl (½ oz) Mandelmilch

ZUBEREITUNG

In einem Jigger nacheinander 4,5 cl (1 ½ oz) weißen Rum, 2,5 cl (¾ oz) braunen Rum, 1,5 cl (½ oz) Cointreau oder Triple Sec, 1,5 cl (½ oz) Limetten- oder Zitronensaft und 1,5 cl (½ oz) Mandelmilch abmessen und in einen Shaker geben. Mehrere Eiswürfel hinzugeben und einige Sekunden lang kräftig schütteln. Durch ein Barsieb, das die im Shaker befindlichen Eiswürfel zurückhält, in einen hohen, mit Eis gefüllten Tumbler abseihen. Garniert mit ½ Ananasscheibe, 2 Cocktailkirschen, einem schönen Zweig frischer Minze und 2 langen Trinkhalmen ist der Drink servierfertig.

UNSER TIPP

Ein Longdrink, der jeden Moment des Tages zu verschönen vermag.

GESCHÄTZTER ALKOHOLGEHALT: 24,6
KALORIENGEHALT: 172

MARY ANN

(Herstellung: shake & strain – schütteln und abseihen)

ZUTATEN

4,5 cl (1 ½ oz) Rye Whiskey oder kanadischer oder amerikanischer Whiskey
2,5 cl (¾ oz) Amaretto Disaronno
3 cl (1 oz) Southern Comfort

ZUBEREITUNG

In einem Jigger nacheinander 4,5 cl (1 ½ oz) Whisky, 2,5 cl (¾ oz) Amaretto Disaronno und 3 cl (1 oz) Southern Comfort abmessen und in einen Shaker geben. Eiswürfel hinzufügen und einige Sekunden lang kräftig schütteln. Durch ein Barsieb in ein im Gefrierfach vorgekühltes Cocktailglas abseihen – die Eiswürfel bleiben dabei im Shaker zurück. Mit einer Cocktailkirsche garniert servieren.

UNSER TIPP

Ein wunderbarer Digestif, aber auch als Abendgetränk jederzeit ein Genuss.

MERCEDES

(Herstellung: build – im Trinkglas anrichten)

GESCHÄTZTER ALKOHOLGEHALT: 10,4

KALORIENGEHALT: 112

ZUTATEN

3 cl (1 oz) Tequila
6 cl (2 oz) Aperol
3 cl (1 oz) Erdbeer-Smoothie oder Erdbeerpüree
6 cl (2 oz) Grapefruitsaft

ZUBEREITUNG

In einem Jigger nacheinander 3 cl (1 oz) Tequila, 6 cl (2 oz) Aperol, 6 cl (2 oz) Grapefruitsaft und 3 cl (1 oz) Erdbeer-Smoothie oder -püree abmessen und in einen hohen, mit Eis gefüllten Tumbler gießen. Einige Sekunden lang mit einem Barlöffel kräftig umrühren und mit ½ Orangenscheibe, 2 Erdbeeren und 2 langen Trinkhalmen garniert servieren.

UNSER TIPP

Ein ausgezeichneter Aperitif vor einem Abendessen mit mexikanischen Gerichten.

GESCHÄTZTER ALKOHOLGEHALT: 16,3
KALORIENGEHALT: 228

MINT JULEP

(Herstellung: build – im Trinkglas anrichten)

VATER DER BRAUT

In einer der amüsantesten Szenen dieses Films aus dem Jahr 1950 von Vincente Minnelli, dem unbestrittenen Meister der amerikanischen Komödie, ist Stanley (Spencer Tracy), der Vater der Braut, damit beschäftigt, während eines Empfangs zahlreiche Mint Juleps zuzubereiten, der bei den Gästen auf besonderen Zuspruch fällt ... Damals noch kaum bekannt, wurde das Getränk dank des Films ein großer Erfolg.

ZUTATEN

6 cl (2 oz) amerikanischer Whiskey
20 g (ca.) weißer Zucker
2,5 cl (¾ oz) stilles Mineralwasser
7 g (ca.) frische Minze
2-3 Spritzer (*dash*) Angostura Bitter

ZUBEREITUNG

Etwa 7 g frische Minzblätter und ca. 20 g weißen Zucker in einen niedrigen Tumbler geben. In einem Jigger 4,5 cl (1 ½ oz) Whiskey abmessen und hinzufügen. Mit 2,5 cl (¾ oz) stillem Mineralwasser auffüllen. Die Mischung mit einem Barlöffel umrühren und dabei die Minzblätter leicht gegen das Glas drücken. Den Tumbler mit Eis, vorzugsweise Crushed Ice, auffüllen. Nochmals 1,5 cl (½ oz) Whiskey abmessen und hinzufügen. Einige Sekunden mit dem Barlöffel umrühren und mit 2 langen Trinkhalmen servieren.

UNSER TIPP

Ein großartiges Getränk für den ganzen Tag.

ORANGE SPICY MOJITO

(Herstellung: mit einem muddler – Stößel)

GESCHÄTZTER ALKOHOLGEHALT: 11,2
KALORIENGEHALT: 188

ZUTATEN

6 cl (2 oz) weißer oder goldener Rum
¼ frische Orange
20 g (ca.) weißer Zucker oder Rohrzucker
frischer Ingwer
6 cl (2 oz) Ingwerbier
7 g (ca.) frische Minze

ZUBEREITUNG

Ein in Würfel geschnittenes Viertel einer Orange und etwa 20 g Zucker in einen hohen Tumbler geben und mit einem Stößel zu einer Paste zerstoßen. Einige Scheiben Ingwer und ca. 7 g Minze hinzufügen und leicht andrücken. Mit Crushed Ice oder Eiswürfeln auffüllen. 6 cl (2 oz) Rum in einem Jigger abmessen und hinzufügen. Mit 6 cl (2 oz) Ingwerbier bis knapp unter den Rand des Glases auffüllen und mit einem Barlöffel umrühren, bis sich die Zutaten gut vermischt haben. Mit 1 Zweig frischer Minze und 2 langen Trinkhalmen garnieren und servieren.

UNSER TIPP

Ein ausgezeichneter Drink für den Abend, der zunehmend auch als Aperitif gefragt ist.

GESCHÄTZTER ALKOHOLGEHALT: 6,7
KALORIENGEHALT: 72

ORIENTAL

(Herstellung: shake & strain – schütteln und abseihen)

ZUTATEN

6 cl (2 oz) trockener Marsala
3 cl (1 oz) Zitronen- oder Limettensaft
1,5 cl (½ oz) Zuckersirup

ZUBEREITUNG

In einem Jigger nacheinander 6 cl trockenen Marsala, 3 cl (1 oz) Zitronen- oder Limettensaft und 1,5 cl (½ oz) Zuckersirup abmessen und in einen Shaker geben. Eiswürfel hinzufügen und einige Sekunden lang kräftig schütteln. Durch ein Barsieb, mit dem das Eis im Shaker zurückgehalten wird, in ein im Gefrierfach vorgekühltes Cocktailglas abseihen und servieren.

UNSER TIPP

Besonders empfohlen als Digestif.

PALM BEACH

(Herstellung: shake & strain – schütteln und abseihen)

GESCHÄTZTER ALKOHOLGEHALT: 19,5
KALORIENGEHALT: 160

ZUTATEN

4,5 cl (1 ½ oz) Gin
4,5 cl (1 ½ oz) Bitter (unsere Empfehlung: Campari Bitter)
9 cl (3 oz) Ananassaft

ZUBEREITUNG

In einem Jigger nacheinander 4,5 cl (1 ½ oz) Gin, 4,5 cl (1 ½ oz) Bitter und 9 cl (3 oz) Ananassaft abmessen und in einen Shaker geben. Eiswürfel hinzufügen und einige Sekunden lang kräftig schütteln. Durch ein Barsieb, mit dem das Eis im Shaker zurückgehalten wird, in einen hohen, mit Eis gefüllten Tumbler gießen. Garniert mit ½ Ananasscheibe, 2 Cocktailkirschen und 2 langen Trinkhalmen ist der Drink servierfertig.

UNSER TIPP

Ein perfekter Aperitif.

GESCHÄTZTER ALKOHOLGEHALT: 10,5
KALORIENGEHALT: 180

PIÑA COLADA

(Herstellung: blender – im Mixer)

INSIDE MAN

Der schon etwas in Vergessenheit geratene Cocktail verdankt seinen neuen Erfolg nicht zuletzt diesem genial konstruierten Thriller von Spike Lee. Während einer im Verlauf eines Banküberfalls aufgenommenen Verhandlung zwischen Bankräubern und Unterhändlern (Jodie Foster und Denzel Washington) ergeht an einen der Gangster (Clive Owen) der folgende Spruch: „Und woran die [im Gefängnis] nuckeln, ist bestimmt keine Piña Colada".

ZUTATEN

4,5 cl (1 ½ oz) weißer Rum
3 cl (1 oz) Kokosnusspüree
9 cl (3 oz) Ananassaft

ZUBEREITUNG

In einem Jigger nacheinander 4,5 cl (1 ½ oz) Rum, 3 cl (1 oz) Kokosnusspüree und 9 cl (3 oz) Ananassaft abmessen und in einen Mixer geben. ½ hohen Tumbler voll Crushed Ice hinzufügen und 15-20 Sekunden lang mixen. Die Mischung in den Tumbler füllen und mit ½ Ananasscheibe, 2 Cocktailkirschen und 2 langen Trinkhalmen garnieren.

UNSER TIPP

Ein köstlicher Longdrink, jederzeit zu empfehlen.

PINK LADY

(Herstellung: shake & strain – schütteln und abseihen)

GESCHÄTZTER ALKOHOLGEHALT: 16,6
KALORIENGEHALT: 172

ZUTATEN

3 cl (1 oz) Gin
2,5 cl (¾ oz) Cointreau oder Triple Sec
2,5 cl (¾ oz) Zitronen- oder Limettensaft
1,5 cl (½ oz) Grenadine-Sirup

ZUBEREITUNG

In einem Jigger nacheinander 3 cl (1 oz) Gin, 2,5 cl (¾ oz) Cointreau oder Triple Sec, 2,5 cl (¾ oz) Zitronen- oder Limettensaft und 1,5 cl (½ oz) Grenadine abmessen und in einen Shaker geben. Mehrere Eiswürfel hinzufügen und einige Sekunden lang kräftig schütteln. Durch ein Barsieb, mit dem das Eis im Shaker zurückgehalten wird, in ein im Gefrierfach vorgekühltes Cocktailglas abseihen.

UNSER TIPP

Der perfekte Cocktail zum Abend.

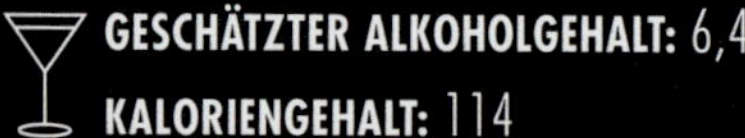

PINK ORANGE RED

(Herstellung: build – im Trinkglas anrichten)

ZUTATEN

4,5 cl (1 ½ oz) roter Wermut
6 cl (2 oz) Grapefruitsaft

ZUBEREITUNG

Nacheinander 4,5 cl (1 ½ oz) roten Wermut und 6 cl (2 oz) Grapefruitsaft in einem Jigger abmessen und in einen niedrigen, mit Eis gefüllten Tumbler gießen. Mit einem Barlöffel umrühren. Mit 1 Orangenscheibe, 1 Cocktailkirsche, 1 Johannisbeerzweig und 2 kurzen Trinkhalmen garnieren und servieren.

UNSER TIPP

Süffiger Aperitif, der auch zu jeder anderen Zeit des Tages gern genossen wird.

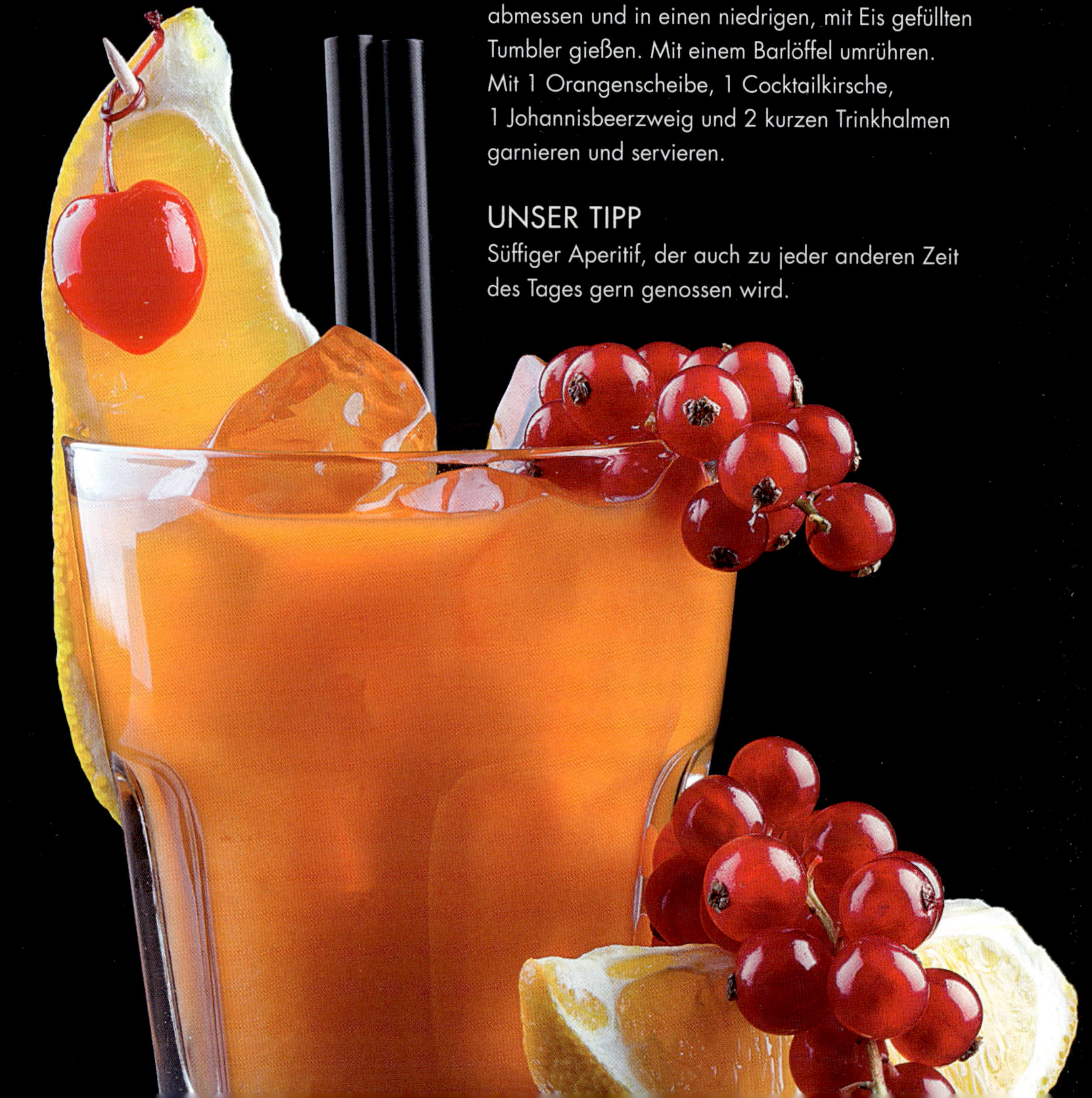

PLANTER'S PUNCH

GESCHÄTZTER ALKOHOLGEHALT: 12,2
KALORIENGEHALT: 164

(Herstellung: shake & strain – schütteln und abseihen)

Zu den ikonischsten Charakteren der letzten Jahrzehnte gehören die tyrannische Miranda Priestley (Meryl Streep) und die sanfte Andrea Sachs (Anne Hathaway), die in dieser Erfolgskomödie von 2006 die Hauptrollen spielen. Während einer Vernissage werden den Gästen Gläser mit Planter's Punch *gereicht, einem Cocktail, der seitdem mit dem Flair der Modewelt assoziiert wird.*

ZUTATEN

4,5 cl (1 ½ oz) brauner Rum
0,75 cl (½ oz) Zitronen- oder Limettensaft
4 cl (1 ¼ oz) Orangensaft
4 cl (1 ¼ oz) Ananassaft
0,75 cl (½ oz) Grenadine-Sirup
0,75 cl (½ oz) Zuckersirup
2-3 Spritzer (*dash*) Angostura Bitter

ZUBEREITUNG

In einem Jigger nacheinander 4,5 cl (1 ½ oz) braunen Rum, 4 cl (1 ¼ oz) Orangensaft, 4 cl (1 ¼ oz) Ananassaft, 0,75 cl (½ oz) Zitronen- oder Limettensaft, 0,75 cl (½ oz) Grenadine und 0,75 cl (½ oz) Zuckersirup abmessen und in einen Shaker geben. 2-3 Spritzer Angostura und einige Eiswürfel hinzufügen und mehrere Sekunden lang kräftig schütteln. Durch ein Barsieb, das die im Shaker befindlichen Eiswürfel zurückhält, in einen hohen, mit Eis gefüllten Tumbler abseihen. Mit einem Barlöffel umrühren und mit 1 Orangenscheibe, 2 Cocktailkirschen und 2 langen Trinkhalmen garniert servieren.

UNSER TIPP

Attraktives Getränk, jederzeit ein Genuss.

PORTO MOJITO

(Herstellung: mit einem muddler – Stößel)

ZUTATEN

4,5 cl (1 ½ oz) weißer Portwein
20 g (ca.) weißer Zucker oder Rohrzucker
7 g (ca.) frische Minze
½ Limette
6 cl (2 oz) Soda oder Sprudelwasser

ZUBEREITUNG

Eine in Würfel geschnittene halbe Limette und ca. 20 g Zucker in einen hohen Tumbler geben und mithilfe eines Stößels zu einer Paste zerdrücken. Ca. 7 g Minze hinzufügen und leicht andrücken. Das Glas mit Eiswürfeln oder Crushed Ice füllen. 4,5 cl (1 ½ oz) weißen Portwein in einem Jigger abmessen und hinzufügen. Das Glas bis knapp unter den Rand mit 6 cl (2 oz) Soda oder Sprudelwasser auffüllen. Einige Sekunden lang mit einem Barlöffel umrühren. Mit 1 Zweig frischer Minze und 2 langen Trinkhalmen garniert servieren.

UNSER TIPP

Ausgezeichnet als Aperitif, aber auch der perfekte Drink für abends.

GESCHÄTZTER ALKOHOLGEHALT: 8,6
KALORIENGEHALT: 102

PORTO WASSER

(Herstellung: build – im Trinkglas anrichten)

ZUTATEN

2,5 cl (¾ oz) Himbeerpüree
3 cl (1 oz) weißer Portwein
12 cl (4 oz) Soda oder Sprudelwasser

ZUBEREITUNG

In einem Jigger nacheinander 2,5 cl (¾ oz) Himbeerpüree und 3 cl (1 oz) weißen Portwein abmessen und in einen hohen, mit Eis gefüllten Tumbler gießen. Das Glas bis knapp unter den Rand mit 12 cl (4 oz) Soda oder Sprudelwasser auffüllen. Mit einem Barlöffel behutsam umrühren und mit ½ Zitronenspalte, 2 Cocktailkirschen und 2 langen Trinkhalmen garniert servieren.

UNSER TIPP

Ein besonders erfrischender, jederzeit zu genießender Drink.

GESCHÄTZTER ALKOHOLGEHALT: 6,6
KALORIENGEHALT: 68

RED CAIPI PORTO

(Herstellung: mit einem muddler – Stößel)

GESCHÄTZTER ALKOHOLGEHALT: 8,9
KALORIENGEHALT: 98

ZUTATEN

½ Limette
20 g (ca.) weißer Zucker oder Rohrzucker
6 cl (2 oz) roter Portwein

ZUBEREITUNG

Eine in Würfel geschnittene halbe Limette und ca. 20 g Zucker in einen hohen Tumbler geben und mithilfe eines Stößels zu einer Paste zerdrücken. Das Glas mit Eiswürfeln oder Crushed Ice füllen. 6 cl (2 oz) roten Portwein in einem Jigger abmessen und hinzufügen. Einige Sekunden lang mit einem Barlöffel umrühren, bis die Zutaten gut vermischt sind. Mit 2 kurzen Trinkhalmen garniert servieren.

UNSER TIPP

Ausgezeichnet als Aperitif oder jederzeit sonst.

RED PALM BEACH

(Herstellung: shake & strain – schütteln und abseihen)

ZUTATEN

4,5 cl (1 ½ oz) roter Portwein
3 cl (1 oz) Bitter (unsere Empfehlung: Campari Bitter)
9 cl (3 oz) Ananassaft

ZUBEREITUNG

In einem Jigger nacheinander 4,5 cl (1 ½ oz) roten Portwein, 3 cl (1 oz) Bitter und 9 cl (3 oz) Ananassaft abmessen und in einen Shaker geben. Eiswürfel hinzufügen und einige Sekunden lang kräftig schütteln. Durch ein Barsieb, mit dem das Eis im Shaker zurückgehalten wird, in einen hohen, mit Eis gefüllten Tumbler abseihen und mit ½ Ananasscheibe, 2 Cocktailkirschen und 2 langen Trinkhalmen garniert servieren.

UNSER TIPP

Ausgezeichnet als Aperitif. Auch sonst jederzeit empfehlenswert.

GESCHÄTZTER ALKOHOLGEHALT: 12,2
KALORIENGEHALT: 104

SEA BREEZE

(Herstellung: build – im Trinkglas anrichten)

ZUTATEN

4,5 cl (1 ½ oz) trockener Wodka
6 cl (2 oz) Grapefruitsaft
6 cl (2 oz) Cranberrysaft

ZUBEREITUNG

In einem Jigger nacheinander 4,5 cl (1 ½ oz) trockenen Wodka, 6 cl (2 oz) Grapefruitsaft und 6 cl (2 oz) Cranberrysaft abmessen und in einen hohen, mit Eis gefüllten Tumbler gießen. Die Zutaten mit einem Barlöffel gut umrühren und mit 1 Zitronenspalte und 2 langen Trinkhalmen garniert servieren.

UNSER TIPP

Ein Longdrink, der zu jeder Tageszeit ankommt.

GESCHÄTZTER ALKOHOLGEHALT: 12,2
KALORIENGEHALT: 160

DER DUFT DER FRAUEN

Der unvergessliche Protagonist dieser Neuverfilmung von 1992 ist der ehemalige Oberstleutnant Frank Slade, meisterhaft gespielt von Al Pacino, dem dafür der Oscar verliehen wurde. Der blinde Mann, der schöne Frauen und Sportwagen liebt, schwankt zwischen Wutanfällen und Momenten poetischer Nostalgie. Am Thanksgiving-Tag wird Frank von seinen Erinnerungen überwältig und erzählt seinem jungen Freund Charlie Simms (Chris O'Donnell) von seinen Jugendjahren, als er mit seinen Freunden Sea Breeze *trank.*

GESCHÄTZTER ALKOHOLGEHALT: 12,2
KALORIENGEHALT: 145

SEX ON THE BEACH

(Herstellung: shake & strain – schütteln und abseihen)

ZUTATEN

3 cl (1 oz) trockener Wodka
3 cl (1 oz) Pfirsichlikör
6 cl (2 oz) Orangensaft
6 cl (2 oz) Cranberrysaft

ZUBEREITUNG

In einem Jigger nacheinander 3 cl (1 oz) trockenen Wodka, 3 cl (1 oz) Pfirsichlikör, 6 cl (2 oz) Orangensaft und 6 cl (2 oz) Cranberrysaft abmessen und in einen Shaker geben. Ein paar Eiswürfel hinzufügen und einige Sekunden lang kräftig schütteln. Durch ein Barsieb, mit dem das Eis im Shaker zurückgehalten wird, in einen hohen, mit Eis gefüllten Tumbler abseihen. Mit Zitrusfruchtscheiben nach eigenem Gusto garniert und mit 2 langen Trinkhalmen servieren.

UNSER TIPP

Ausgezeichneter Longdrink für die heißesten Stunden eines Tages.

SINGAPORE SLING TWIST LIGHT

GESCHÄTZTER ALKOHOLGEHALT: 14,3
KALORIENGEHALT: 208

(Herstellung: shake & strain – schütteln und abseihen)

1998 führte Terry Gilliam Regie bei dieser verrückten Adaption des Romans von Hunter S. Thompson. In diesem psychedelischen, von Drogen und Alkohol durchsetzten Roadmovie spielten Johnny Depp und Benicio del Toro die Hauptrollen. So sehen wir ersteren etwa immerzu einen Singapore Sling *trinken, oft noch versetzt mit Mezcal. Nach dem Film wurde der Cocktail zum Lieblingsgetränk der trinkfesten Cineastencommunity.*

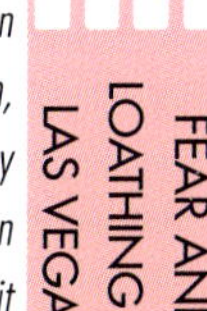

ZUTATEN

2,5 cl (¾ oz) Gin
2,5 cl (¾ oz) Kirschwasser
2,5 cl (¾ oz) Cointreau oder Triple Sec
2,5 cl (¾ oz) Grenadine-Sirup
1,5 cl (½ oz) Zitronen- oder Limettensaft
6 cl (2 oz) Soda oder Sprudelwasser

ZUBEREITUNG

In einem Jigger nacheinander 2,5 cl (¾ oz) Gin, 2,5 cl (¾ oz) Kirschwasser, 2,5 cl (¾ oz) Cointreau oder Triple Sec, 2,5 cl (¾ oz) Grenadine und 1,5 cl (½ oz) Zitronen- oder Limettensaft abmessen und in einen Shaker geben. Eiswürfel hinzufügen, einige Sekunden lang kräftig schütteln und durch ein Barsieb, das die im Shaker befindlichen Eiswürfel zurückhält, in einen hohen, mit Eis gefüllten Tumbler abseihen. Mit 6 cl (2 oz) Soda oder Sprudelwasser bis knapp unter den Rand auffüllen und mit einem Barlöffel umrühren. Mit 2 langen Trinkhalmen, ½ Ananasscheibe und 2 Cocktailkirschen garnieren und servieren.

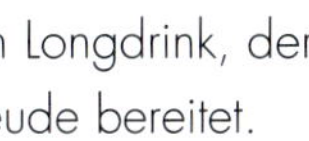

UNSER TIPP

Ein Longdrink, der zu allen Stunden des Tages Freude bereitet.

GESCHÄTZTER ALKOHOLGEHALT: 0

KALORIENGEHALT: 60

SKIWASSER

(Herstellung: build – im Trinkglas anrichten)

ZUTATEN

1,5 cl (½ oz) Himbeerpüree

3 cl (1 oz) Zitronen- oder Limettensaft

12 cl (4 oz) Soda oder Sprudelwasser

ZUBEREITUNG

In einem Jigger nacheinander 1,5 cl (½ oz) Himbeerpüree und 3 cl (1 oz) Zitronen- oder Limettensaft abmessen und in einen hohen, mit Eis gefüllten Tumbler füllen. Mit Soda oder Sprudelwasser auffüllen und mit einem Barlöffel behutsam umrühren. Mit 2 langen Trinkhalmen, ½ Zitronenscheibe und 2 Cocktailkirschen garniert servieren.

UNSER TIPP

Hervorragendes Erfrischungsgetränk, das den ganzen Sommer über erfreut.

TEQUILA SUNRISE

GESCHÄTZTER ALKOHOLGEHALT: 12,6
KALORIENGEHALT: 160

(Herstellung: build – im Trinkglas anrichten)

2012

Katastrophenfilme waren schon immer ein großer Erfolg, zum einen wegen der technischen Bild-Effekte und zum anderen, weil sie dem Publikum ein Ventil bieten, sich von kollektiven Ängsten zu befreien. In diesem, im Jahr 2012 spielenden Film werden die glücklosen Passagiere eines Überseedampfers, gerade als sie im Begriff sind, sich einen Tequila Sunrise *zu genehmigen, von einer gigantischen Welle hinweggefegt.*

ZUTATEN

4,5 cl (1 ½ oz) Tequila
9 cl (3 oz) Orangensaft
1,5 cl (½ oz) Grenadine-Sirup

ZUBEREITUNG

Nacheinander 4,5 cl (1 ½ oz) Tequila und 9 cl (3 oz) Orangensaft in einem Jigger abmessen und in einen hohen, mit Eis gefüllten Tumbler gießen. Mit einem Barlöffel vermischen. Den Löffel dann auf den Rand des Glases legen, 1,5 cl (½ oz) Grenadine in dem Jigger abmessen und behutsam über den Löffel in den Drink gleiten lassen. Der Sirup wird langsam zu Boden sinken und ein Bild erzeugen, das an eine aufgehende Sonne erinnert. Mit ½ Orangenscheibe und 2 langen Trinkhalmen garniert servieren.

UNSER TIPP

Einer der reizvollsten Hingucker überhaupt, besonders empfehlenswert bei heißem Wetter.

GESCHÄTZTER ALKOHOLGEHALT: 12,6
KALORIENGEHALT: 111

TOM COLLINS

(Herstellung: build – im Trinkglas anrichten)

MEINE BRAUT, IHR VATER UND ICH

Der kauzige Jack Byrnes, gespielt von einem so noch nie gekannten komödiantischen Robert De Niro, ist eine der Hauptpersonen dieser erfolgreichen Blockbuster-Komödie aus dem Jahr 2000. Es gibt drei Sachen, von denen Jack nicht lassen kann: den sonderbaren Verehrer seiner Tochter (Ben Stiller) mit allen Mitteln zu entlarven, Mr. Jinx, die hochmütige Katze der Familie, zu verwöhnen und sich genussvoll einen guten Tom Collins zu genehmigen, ein Getränk, nach dem der Mann verrückt ist.

ZUTATEN

4,5 cl (1 ½ oz) Gin
2,5 cl (¾ oz) Zitronen- oder Limettensaft
1,5 cl (½ oz) Zuckersirup
6 cl (2 oz) Soda oder Sprudelwasser

ZUBEREITUNG

In einem Jigger nacheinander 4,5 cl (1 ½ oz) Gin, 2,5 cl (¾ oz) Zitronen- oder Limettensaft und 1,5 cl (½ oz) Zuckersirup abmessen und in einen hohen Tumbler gießen. Das Glas bis zum Rand mit stark sprudelndem Mineralwasser auffüllen, mehrmals mit einem Barlöffel umrühren und vor dem Servieren mit Zitronenspalten oder -scheiben, 2 Cocktailkirschen, 2 Cocktailkirschen und 2 langen Trinkhalmen garnieren.

UNSER TIPP

Ausgezeichneter Drink, mit dem man nie falsch liegen kann.

TURQUOISE BLUE

GESCHÄTZTER ALKOHOLGEHALT: 16,6

KALORIENGEHALT: 152

(Herstellung: shake & strain – schütteln und abseihen)

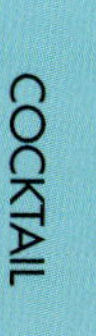

Ein Film über die Welt der Cocktails schlechthin, mit einem sehr jungen Tom Cruise als Brian Flanagan, der einen ehrgeizigen Barkeeper-Akrobaten darstellt. Der Turquoise Blue *ist einer der vielen Drinks, die in diesem Generationenfilm zubereitet werden. Der Film aus dem Jahr 1988 inspirierte Barkeeper auf der ganzen Welt und verankerte das artistische* Flair Bartending *im kollektiven Gedächtnis.*

ZUTATEN

2,5 cl (3/4 oz) weißer Rum
2,5 cl (3/4 oz) Cointreau oder Triple Sec
2,5 cl (3/4 oz) Blue Curaçao
9 cl (3 oz) Ananassaft
1,5 cl (1/2 oz) Zitronen- oder Limettensaft

ZUBEREITUNG

In einem Jigger nacheinander 2,5 cl (3/4 oz) weißen Rum, 2,5 cl (3/4 oz) Cointreau oder Triple Sec, 2,5 cl (3/4 oz) Blue Curaçao, 9 cl (3 oz) Ananassaft und 1,5 cl (1/2 oz) Zitronen- oder Limettensaft in einem Jigger abmessen und in einen Shaker geben. Eiswürfel hinzufügen und einige Sekunden lang kräftig schütteln. Durch ein Barsieb, das die im Shaker befindlichen Eiswürfel zurückhält, in einen hohen, mit Eis gefüllten Tumbler abseihen. Mit 1/2 Ananasscheibe, 2 Cocktailkirschen und 2 langen Trinkhalmen garniert servieren.

UNSER TIPP

Perfekter, jederzeit passender Longdrink.

VERMOUTH FRUITS

(Herstellung: build – im Trinkglas anrichten)

ZUTATEN

4,5 cl (1 ½ oz) trockener Wermut
6 cl (2 oz) Orangensaft
6 cl (2 oz) Grapefruitsaft

ZUBEREITUNG

In einem Jigger nacheinander 4,5 cl (1 ½ oz) trockenen Wermut, 6 cl (2 oz) Orangensaft und 6 cl (2 oz) Grapefruitsaft abmessen und in einen hohen, mit Eis gefüllten Tumbler gießen. Mit einem Barlöffel umrühren und mit 1 Ananasstück und 1 Cocktailkirsche garniert servieren.

UNSER TIPP

Ausgezeichneter, durch die Zitrussäfte erfrischender Aperitif, jederzeit passend.

GESCHÄTZTER ALKOHOLGEHALT: 9,7
KALORIENGEHALT: 57

Tony Montana (Al Pacino) und Manny Ribera (Steven Bauer) sind die kubanischen Gangster in dem Film Noir von Brian De Palma aus dem Jahr 1980. Während sie ihren Aufstieg in Miami planen, sehen wir sie zahlreiche karibische Getränke, u.a. Virgin Colada, *süffeln. Nach* Scarface *wird es in Bars wieder Mode, diese Drinks direkt in den ausgehöhlten Schalen von Kokosnüssen oder Melonen zu servieren.*

VIRGIN COLADA (PIÑITA COLADA)

(Herstellung: blender – im Mixer)

ZUTATEN

12 cl (4 oz) Ananassaft
3 cl (1 oz) Kokosnusspüree
2,5 cl (¾ oz) Sahne

ZUBEREITUNG

In einem Jigger nacheinander 12 cl (4 oz) Ananassaft, 3 cl (1 oz) Kokosnusspüree und 2,5 cl (¾ oz) Sahne abmessen und in einen Mixer geben. ½ hohen Tumbler voll Crushed Ice hinzufügen und 15-20 Sekunden lang mixen. Die Mischung in den Tumbler füllen und mit ¼ Ananasscheibe, 2 Cocktailkirschen und 2 langen Trinkhalmen garnieren.

UNSER TIPP

Alkoholfreier Longdrink, energiereich und süffig im Geschmack und auch morgens zum Frühstück ein Vergnügen.

ALKOHOLGEHALT: 0
KALORIENGEHALT: 234

ALKOHOLGEHALT: 0
KALORIENGEHALT: 92

VIRGIN MOJITO

(Herstellung: mit einem muddler – Stößel)

ZUTATEN

½ Limette
7 g (ca.) frische Minze
20 g (ca.) weißer Zucker oder Rohrzucker
12 cl (4 oz) Zitronenlimonade oder Ginger Ale

ZUBEREITUNG

Eine in Würfel geschnittene halbe Limette und etwa 20 g Zucker in einen hohen Tumbler geben und mit einem Stößel zu einer Paste zerstoßen. Ca. 7 g frische Minze hinzufügen und leicht andrücken. Mit Crushed Ice oder Eiswürfeln auffüllen. 12 cl (4 oz) Zitronenlimonade oder Ginger Ale in einem Jigger abmessen und hinzufügen. Die Mischung mit einem Barlöffel umrühren, bis sich die Zutaten gut vermischt haben. Mit 1 Zweig frischer Minze und 2 langen Trinkhalmen garniert servieren.

UNSER TIPP

Ein erfrischendes Abendgetränk, dem auch die Jüngsten zusprechen.

WHISKY COBBLER

GESCHÄTZTER ALKOHOLGEHALT: 12,8
KALORIENGEHALT: 172

(Herstellung: build – im Trinkglas anrichten)

ZUTATEN

4,5 cl (1 ½ oz) amerikanischer Whiskey
1,5 cl (½ oz) Grenadine-Sirup
6 cl (2 oz) Ginger Ale
60 g (ca.) frischer Obstsalat der Saison

ZUBEREITUNG

In einem Jigger nacheinander 4,5 cl (1 ½ oz) Whiskey, 1,5 cl (½ oz) Grenadine und 6 cl (2 oz) Ginger Ale abmessen und in einen hohen Tumbler geben. Ca. 60 g frischen Obstsalat der Saison hinzugeben und das Glas knapp bis unter den Rand mit Crushed Ice auffüllen. Mit einem Barlöffel umrühren und mit 1 langen Partyspieß und 2 langen Trinkhalmen garniert servieren.

UNSER TIPP

Ein Longdrink mit geringem Alkoholgehalt, der bei Partys auch optisch einiges hermacht.

WHISKY SLING

(Herstellung: build – im Trinkglas anrichten)

ZUTATEN

4,5 cl (1 ½ oz) amerikanischer Whiskey
20 g (ca.) weißer Zucker
3 cl (1 oz) Zitronen- oder Limettensaft
9 cl (3 oz) Soda oder Sprudelwasser

ZUBEREITUNG

In einem Jigger nacheinander 4,5 cl (1 ½ oz) Whiskey und 3 cl (1 oz) Zitronen- oder Limettensaft abmessen und in einen hohen, mit Eis gefüllten Tumbler gießen. Etwa 20 g weißen Zucker hinzufügen und das Glas bis knapp unter den Rand mit Soda oder Sprudelwasser füllen. Einige Sekunden lang mit einem Barlöffel umrühren und mit 2 Cocktailkirschen, ½ Zitronenscheibe und 2 langen Trinkhalmen garniert servieren.

UNSER TIPP

Ein Longdrink, der immer, ob bei Tag oder bei Nacht, ein Genuss ist.

GESCHÄTZTER ALKOHOLGEHALT: 12,2
KALORIENGEHALT: 186

WHITE WINE MOJITO

(Herstellung: mit einem muddler – Stößel)

ZUTATEN

6 cl (2 oz) Vermentino-Weißwein
20 g (ca.) weißer Zucker oder Rohrzucker
7 g (ca.) frische Minze
½ Limette
6 cl (2 oz) Soda oder Sprudelwasser

ZUBEREITUNG

Eine in Würfel geschnittene halbe Limette und etwa 20 g Zucker in einen hohen Tumbler geben und mit einem Stößel zu einer Paste zerstoßen. 7 g (ca.) frische Minzblätter hinzufügen und leicht andrücken. Mit Crushed Ice oder Eiswürfeln auffüllen. 6 cl (2 oz) Vermentino in einem Jigger abmessen und hinzufügen. Mit 6 cl (2 oz) Soda oder Sprudelwasser bis knapp unter den Rand auffüllen. Einige Sekunden lang mit einem Barlöffel umrühren und mit 2 langen Trinkhalmen und 1 Zweig frischer Minze garniert servieren.

UNSER TIPP

Ein fabelhafter Aperitif der leichteren Art.

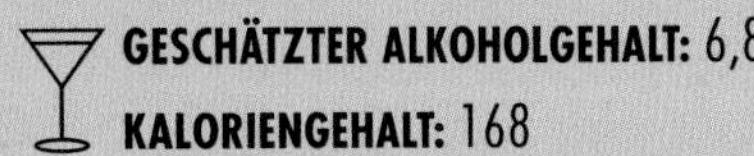

WILD RED

(Herstellung: build – im Trinkglas anrichten)

ZUTATEN

2,5 cl (¾ oz) roter Wermut
4,5 cl (1 ½ oz) trockener Wodka
3 cl (1 oz) Waldbeerensaft
3 cl (1 oz) Zitronen- oder Limettensaft
3 cl (1 oz) klare Limonade

ZUBEREITUNG

In einem Jigger nacheinander 2,5 cl (¾ oz) roten Wermut, 4,5 cl (1 ½ oz) trockenen Wodka, 3 cl (1 oz) Beerensaft, 3 cl (1 oz) Zitronen- oder Limettensaft und 3 cl (1 oz) Limonade abmessen und in einen hohen, mit Eis gefüllten Tumbler gießen. Mit einem Barlöffel umrühren und mit Beeren garniert servieren.

UNSER TIPP

Ein süffiger Aperitif, erfrischend und jederzeit passend.

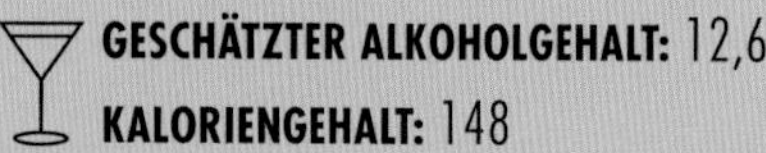

GESCHÄTZTER ALKOHOLGEHALT: 12,6
KALORIENGEHALT: 148

WINE LEMON

(Herstellung: build – im Trinkglas anrichten)

ZUTATEN

4,5 cl (1 ½ oz) Pinot Grigio
12 cl (4 oz) Zitronengetränk

ZUBEREITUNG

4,5 cl (1 ½ oz) Pinot Grigio in einem Jigger abmessen und in einen hohen, mit Eis gefüllten Tumbler gießen. Mit 12 cl (4 oz) Zitronengetränk auffüllen und mit 2 langen Trinkhalmen, gekringelten Zitronenzesten und einigen weißen Weintrauben garniert servieren.

UNSER TIPP

Erfrischender, jederzeit passender Drink.

GESCHÄTZTER ALKOHOLGEHALT: 6,5
KALORIENGEHALT: 72

GESCHÄTZTER ALKOHOLGEHALT: 6,8
KALORIENGEHALT: 98

WINE MULE

(Herstellung: build – im Trinkglas anrichten)

ZUTATEN

4,5 cl (1 ½ oz) Weißwein Terre di Franciacorta
9 cl (3 oz) Ingwerbier

ZUBEREITUNG

In einem Jigger nacheinander 4,5 cl (1 ½ oz) Weißwein und 9 cl (3 oz) Ingwerbier abmessen und in einen niedrigen, mit Eis gefüllten Tumbler oder Kupferbecher gießen. Einige Sekunden lang mit einem Barlöffel umrühren und mit 2 Limettenspalten und einigen halbierten weißen Weintrauben garniert servieren.

UNSER TIPP

Ein leichter Aperitif und Drink, der auch zu jeder anderen Zeit des Tages erfreut.

ZOMBIE

GESCHÄTZTER ALKOHOLGEHALT: 24,8
KALORIENGEHALT: 246

(Herstellung: shake and pour or blender – schütteln und ausgießen oder im Mixer)

ZUTATEN

4,5 cl (1 ½ oz) weißer Rum
4,5 cl (1 ½ oz) brauner Rum
3 cl (1 oz) brauner Rum 75 Vol.-%
3 cl (1 oz) Limettensaft
1,5 cl (½ oz) Grapefruitsaft
1,5 cl (½ oz) Zimtsirup
1,5 cl (½ oz) Falernum-Sirup
1 Spritzer (*dash*) Angostura Bitter
5-6 Spritzer (*dash*) Pernod
0,75 cl (¼ oz) Grenadine-Sirup

ZUBEREITUNG

In einem Jigger nacheinander 4,5 cl (1 ½ oz) weißen Rum, 4,5 cl (1 ½ oz) braunen Rum, 3 cl (1 oz) Limettensaft, 1,5 cl (½ oz) Grapefruitsaft, 1,5 cl (½ oz) Zimtsirup, 1,5 cl (½ oz) Falernum-Sirup und 0,75 cl (¼ oz) Grenadine abmessen und in einen Mixer oder Shaker geben. 1 Spritzer (dash) Angostura und 5-6 Spritzer (dash) Pernod hinzufügen und einige Sekunden lang ohne Eis schütteln oder mixen. In einen hohen Tumbler oder Tiki-Becher gießen, vorzugsweise gefüllt mit zerstoßenem Eis. Zum Schluss 3 cl (1 oz) hochprozentigen dunklen Rum in dem Jigger abmessen und mithilfe eines Barlöffels vorsichtig auf den Drink gleiten lassen, so dass der Rum auf der Oberfläche schwimmen bleibt. Servieren.

UNSER TIPP

Der Longdrink ist vor allem bei der jüngeren Generation sehr beliebt. Er sollte allerdings maßvoll genossen werden.

HAPPY HOUR COCKTAILS

Die Happy Hour kam in den frühen 1980er Jahren in England auf, als Londoner Pubs die Idee hatten, während eines bestimmten Zeitfensters zwei Getränke zum Preis von einem anzubieten. Die britische Bevölkerung nahm dieses Angebot begeistert an und verhalf ihm damit zum Erfolg.
Heute hat sich die Happy Hour erheblich weiterentwickelt. Während in den Anfangsjahren einzelne Biere und Aperitifs die Szene dominierten, sind inzwischen Cocktails zu den unbestrittenen Stars geworden.
Die trockenen Aperitifs, die über einen relativ hohen Alkoholgehalt verfügten und in Coupettegläsern serviert wurden, wichen im Laufe der Jahre Drinks, die durch die Zugabe von süßen, aromatischen Likören (Peach Tree, Cointreau, Mandarinetto Isolabella) und klassischen Fruchtsäften (Orange, Grapefruit, Ananas) oder exotischen Säften (Cranberry, Maracuja, Passionsfrucht) geprägt sind. Die Zugabe von kohlensäurehaltigen Fillern wie Cola, Tonic oder Soda hat dazu beigetragen, den Alkoholgehalt der Getränke zu verringern.
Auch aus gastronomischer Sicht hat sich die Happy Hour weiterentwickelt. Ursprünglich auf Erdnüsse, Chips und Essiggurken beschränkt, ist das Angebot immer vielfältiger geworden und reicht heute von hübschem Fingerfood bis hin zu warmen Speisen.
Das Zeitfenster hat sich definitiv von 17-18:30 auf 19-22 Uhr verlagert, was eine weitaus günstigere Zeit ist, um sich zum Abspannen und zum geselligen Zusammensein zu treffen.
In den südamerikanischen Ländern sind Whisky und Spirituosen wie Rum, Pisco und Cachaça beliebt, während in Frankreich eher Champagner, Weiß- und trockene Weine, Liköre wie Pastis oder Ricard sowie alle Varianten von Kir bevorzugt werden. Die Spanier trinken gerne Sherryweine oder Bier, zu denen meist Tapas gereicht werden. Engländer sind zwar nach wie vor dem traditionellen Bier zugetan, aber auch Porto und Gin Tonic sind beliebt. Letzterer ist im letzten Jahrzehnt in ganz Europa zu einem Must-Have geworden, was die wie Pilze aus dem Boden geschossenen Gin-Bars und Gintonerias, die sich auf das Mischen von Gin und Tonic Water spezialisiert haben, zeigen. Amerikaner bleiben die unangefochtenen Kenner von Mixgetränken schlechthin. In Italien schließlich haben die Bars stark in das gastronomische Zusatzangebot investiert, so dass die Happy Hour zu einer echten Alternative zum Abendessen geworden ist.

HAPPY HOUR COCKTAILS

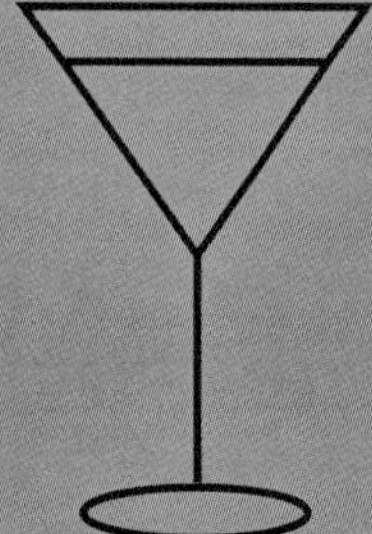

GESCHÄTZTER ALKOHOLGEHALT: 6,8
KALORIENGEHALT: 151

50

(Herstellung: build – im Trinkglas anrichten)

ZUTATEN

6 cl (2 oz) trockener Marsala
3 cl (1 oz) Holunderblütensirup
6 cl (2 oz) Soda oder
Sprudelwasser

ZUBEREITUNG

In einem Jigger nacheinander 6 cl (2 oz) trockenen Marsala, 3 cl (1 oz) Holunderblütensirup und 6 cl (2 oz) Soda oder Sprudelwasser abmessen und in ein Weinglas mit einigen Eiswürfeln gießen. Einige Sekunden lang mit einem Barlöffel vorsichtig umrühren. Mit 1 Zitronenscheibe, Minzzweig und einigen halbierten weißen Trauben garniert servieren.

UNSER TIPP

Ausgezeichnet als Aperitif, der auch zu jeder anderen Zeit des Tages erfreut.

ADONIS

(Herstellung: shake & strain – schütteln und abseihen)

ZUTATEN

6 cl (2 oz) trockener Sherry
3 cl (1 oz) roter Wermut
2-3 Spritzer (*dash*) Orangenbitter oder Cointreau

ZUBEREITUNG

In einem Jigger nacheinander 6 cl trockenen Sherry und 3 cl (1 oz) roten Wermut abmessen und in einen Shaker geben. 2-3 Spritzer (dash) Orangenbitter oder Cointreau hinzufügen. Ein paar Eiswürfel dazugeben und einige Sekunden lang kräftig schütteln. Durch ein Barsieb, mit dem das Eis im Shaker zurückgehalten wird, in eine im Gefrierfach vorgekühlte Cocktailschale abseihen und mit 1 Orangenzeste garniert servieren.

UNSER TIPP

Hervorragender Aperitif, aber auch als Abendgetränk sehr geschätzt.

GESCHÄTZTER ALKOHOLGEHALT: 6,8
KALORIENGEHALT: 62

GESCHÄTZTER ALKOHOLGEHALT: 9,7
KALORIENGEHALT: 57

AMERICANO

(Herstellung: build – im Trinkglas anrichten)

ZUTATEN

3 cl (1 oz) Bitter (unsere Empfehlung: Campari Bitter)
3 cl (1 oz) roter Wermut
3 cl (1 oz) Soda oder Sprudelwasser

ZUBEREITUNG

In einem Jigger nacheinander 3 cl (1 oz) Bitter und 3 cl (1 oz) roten Wermut abmessen und in einen niedrigen, mit Eis gefüllten Tumbler gießen. Das Glas bis knapp unter den Rand mit 3 cl (1 oz) Soda oder Sprudelwasser auffüllen. Mit einem Barlöffel behutsam umrühren und mit einer halben Orangenscheibe und etwas Zitronenschale garniert servieren (auf den Drink kann außerdem etwas Zitronenöl aus der Schale gesprüht werden).

UNSER TIPP

Ausgezeichneter Aperitif.

APEROL BIT ORANGE

GESCHÄTZTER ALKOHOLGEHALT: 12,6
KALORIENGEHALT: 97

(Herstellung: shake & strain – schütteln und abseihen)

ZUTATEN

4,5 cl (1 ½ oz) Aperol
1,5 cl (½ oz) Bitter (unsere Empfehlung: Campari Bitter)
9 cl (3 oz) Orangensaft
3 cl (1 oz) Mandarinetto Isolabella (Mandarinenlikör)

ZUBEREITUNG

In einem Jigger nacheinander 4,5 cl (1 ½ oz) Aperol, 1,5 cl (½ oz) Bitter, 9 cl (3 oz) Orangensaft und 3 cl (1 oz) Mandarinetto Isolabella abmessen und in einen Shaker geben. Einige Sekunden lang kräftig schütteln. Die Mischung durch ein Barsieb, mit dem das Eis im Shaker zurückgehalten wird, in einen hohen, mit Eis gefüllten Tumbler abseihen. Mit ½ Orangenscheibe, ½ Grapefruitscheibe, ½ Limettenscheibe und 2 langen Trinkhalmen garniert servieren.

UNSER TIPP

Hervorragend als Aperitif, aber passend auch zu jeder anderen Zeit.

GESCHÄTZTER ALKOHOLGEHALT: 9,8
KALORIENGEHALT: 96

APEROL CRODO

(Herstellung: shake & strain – schütteln und abseihen)

ZUTATEN

3 cl (1 oz) Aperol
2,5 cl (¾ oz) Pfirsichlikör
1,5 cl (½ oz) Bitter (unsere Empfehlung: Campari Bitter)
9 cl (3 oz) Crodino

ZUBEREITUNG

In einem Jigger nacheinander 3 cl (1 oz) Aperol, 2,5 cl (¾ oz) Pfirsichlikör und 1,5 cl (½ oz) Bitter abmessen und in einen Shaker geben. Einige Sekunden lang schütteln und durch ein Barsieb, mit dem das Eis im Shaker zurückgehalten wird, in einen hohen, mit Eis gefüllten Tumbler abseihen. Das Glas bis knapp unter den Rand mit 9 cl (3 oz) Crodino auffüllen. Behutsam umrühren und mit ½ Orangenscheibe, 3 Limettenwürfeln, 2 Cocktailkirschen und 2 langen Trinkhalmen garniert servieren.

UNSER TIPP

Der Drink eignet sich hervorragend als Aperitif, aber erfreut auch zu jeder anderen Zeit des Tages.

APPLE MOJITO

GESCHÄTZTER ALKOHOLGEHALT: 11,2
KALORIENGEHALT: 142

(Herstellung: mit einem muddler – Stößel)

ZUTATEN

6 cl (2 oz) Apfellikör
7 g (ca.) frische Minze
½ Limette
20 g (ca.) weißer Zucker oder Rohrzucker
6 cl (2 oz) Soda oder Sprudelwasser

ZUBEREITUNG

Eine in Würfel geschnittene halbe Limette und etwa 20 g Zucker in einen hohen Tumbler geben und mit einem Stößel zu einer Paste zerstoßen. Ca. 7 g frische Minze hinzufügen und leicht andrücken. Mit Crushed Ice oder Eiswürfeln auffüllen. In einem Jigger 6 cl (2 oz) Apfellikör abmessen und hinzufügen. Das Glas bis knapp unter den Rand mit Soda oder Sprudelwasser auffüllen und mit einem Barlöffel umrühren, bis sich die Zutaten gut vermischt haben. Mit frischer Minze und 2 langen Trinkhalmen garniert servieren.

UNSER TIPP

Ein bestens geeigneter Drink für abends.

GESCHÄTZTER ALKOHOLGEHALT: 6,8
KALORIENGEHALT: 72

BEETHOVEN

(Herstellung: build – im Trinkglas anrichten)

ZUTATEN

4,5 cl (1 ½ oz) zerstoßene Waldbeeren
12 cl (4 oz) Sekt brut oder Champagner

ZUBEREITUNG

Waldbeeren (etwa Brombeeren, Himbeeren und Blaubeeren) in einem Gefäß zu einem Mus zerstoßen. Davon 4,5 cl (1 ½ oz) in einem Jigger abmessen und in eine kleine, im Gefrierfach vorgekühlte Cocktailschale oder ein Weinglas geben. Bis zum Rand mit 12 cl (4 oz) gekühltem Sekt brut oder Champagner auffüllen. Mit einem Barlöffel behutsam umrühren und mit Johannisbeertrauben garniert servieren.

UNSER TIPP

Erfreut jederzeit.

BELLINI

(Herstellung: build – im Trinkglas anrichten)

GESCHÄTZTER ALKOHOLGEHALT: 5,5
KALORIENGEHALT: 48

Einer der beliebtesten Aperitifs, der Bellini, wurde 1948 in Harry's Bar in Venedig zu Ehren des Malers Giovanni Bellini kreiert. Er findet in Teil II der Saga um den rücksichtslosen Geheimagenten Ethan Hunt (Tom Cruise) Erwähnung. Dank des großen Erfolgs dieses Films aus dem Jahr 2000 gewann dieses delikate Getränk mit Pfirsichgeschmack in den Vereinigten Staaten eine überraschende Popularität.

ZUTATEN

4,5 cl (1 ½ oz) Pfirsich-Smoothie
12 cl (4 oz) Sekt brut oder Champagner

ZUBEREITUNG

4,5 cl (1 ½ oz) Pfirsich-Smoothie in einem Jigger abmessen und in ein kleines, im Gefrierfach vorgekühltes Cocktail- oder Weinglas geben. Bis knapp unter den Rand mit 12 cl (4 oz) gekühltem Sekt brut oder Champagner auffüllen. Mit einem Barlöffel behutsam umrühren und servieren.

UNSER TIPP

Ausgezeichneter Aperitif.

GESCHÄTZTER ALKOHOLGEHALT: 13
KALORIENGEHALT: 180

BITTER MOJITO

(Herstellung: mit einem muddler – Stößel)

ZUTATEN

4,5 cl (1 ½ oz) Bitter (unsere Empfehlung: Campari Bitter)
¼ frische Orange
20 g (ca.) weißer Zucker oder Rohrzucker
9 cl (3 oz) Sekt brut
7 g (ca.) frische Minze

ZUBEREITUNG

Ein in Würfel geschnittenes Viertel einer Orange und etwa 20 g Zucker in einen hohen Tumbler geben und mit einem Stößel zu einer Paste zerstoßen. Ca. 7 g frische Minze hinzufügen und leicht andrücken. Mit Crushed Ice oder Eiswürfeln auffüllen. 4,5 cl (1 ½ oz) Bitter in einem Jigger abmessen und hinzufügen. Das Glas bis knapp unter den Rand mit 9 cl (3 oz) frischen Sekt brut auffüllen. Die Mischung mit einem Barlöffel umrühren, bis die Zutaten gut vermischt sind. Mit 1 Zweig frischer Minze und 2 langen Trinkhalmen garniert servieren.

UNSER TIPP

Ausgezeichnet als Aperitif.

BOMBAY

GESCHÄTZTER ALKOHOLGEHALT: 18,6
KALORIENGEHALT: 156

(Herstellung: shake & strain – schütteln und abseihen)

ZUTATEN

2,5 cl (¾ oz) Cognac oder Brandy
2,5 cl (¾ oz) roter Wermut
3 cl (1 oz) trockener Wermut
2,5 cl (¾ oz) Cointreau oder Triple Sec
0,5 cl (⅙ oz) Pernod oder Ricard

ZUBEREITUNG

In einem Jigger nacheinander 2,5 cl (¾ oz) Cognac oder Brandy, 3 cl (1 oz) trockenen Wermut, 2,5 cl (¾ oz) roten Wermut, 2,5 cl (¾ oz) Cointreau oder Triple Sec und 0,5 cl (⅙ oz) Pernod oder Ricard abmessen und in einen Shaker geben. Mehrere Eiswürfel hinzufügen und einige Sekunden lang kräftig schütteln. Durch ein Barsieb in ein im Gefrierfach vorgekühltes Cocktailglas abseihen – die Eiswürfel bleiben dabei im Shaker zurück – und servieren.

UNSER TIPP

Hervorragend als Aperitif, aber köstlich auch als Abendgetränk.

GESCHÄTZTER ALKOHOLGEHALT: 21
KALORIENGEHALT: 128

BOULEVARDIER

(Herstellung: stir & strain – rühren und abseihen)

ZUTATEN

3 cl (1 oz) Bourbon-Whisky
3 cl (1 oz) roter Wermut
3 cl (1 oz) Bitter (unsere Empfehlung: Campari Bitter)

ZUBEREITUNG

In einem Jigger nacheinander 3 cl (1 oz) Bourbon-Whisky, 3 cl (1 oz) roten Wermut und 3 cl (1 oz) Bitter abmessen und in ein Rührglas gießen. Mehrere Eiswürfel hinzufügen und mit einem Barlöffel umrühren. Durch ein Barsieb, mit dem das Eis im Rührglas zurückgehalten wird, in ein im Gefrierfach vorgekühltes Cocktailglas abseihen und mit 2 Cocktailkirschen garniert servieren.

UNSER TIPP

Ausgezeichneter Aperitif.

BRONX

GESCHÄTZTER ALKOHOLGEHALT: 16,2
KALORIENGEHALT: 126

(Herstellung: shake & strain – schütteln und abseihen)

ZUTATEN

3 cl (1 oz) Gin
2,5 cl (¾ oz) roter Wermut
1,5 cl (½ oz) trockener Wermut
2,5 cl (¾ oz) Orangensaft

ZUBEREITUNG

In einem Jigger nacheinander 3 cl (1 oz) Gin, 2,5 cl (¾ oz) roten Wermut, 1,5 cl (½ oz) trockenen Wermut und 2,5 cl (¾ oz) Orangensaft abmessen und in einen Shaker geben. Ein paar Eiswürfel hinzufügen und einige Sekunden lang kräftig schütteln. Die Mischung durch ein Barsieb, mit dem das Eis im Shaker zurückgehalten wird, in ein im Gefrierfach vorgekühltes Cocktailglas abseihen und servieren.

UNSER TIPP

Excellenter Aperitif.

GESCHÄTZTER ALKOHOLGEHALT: 15,4
KALORIENGEHALT: 101

CANNES

(Herstellung: shake & strain – schütteln und abseihen)

ZUTATEN

2,5 cl (¾ oz) Brandy oder Cognac
3 cl (1 oz) trockener Wermut
1,5 cl (½ oz) Bitter (unsere Empfehlung: Campari Bitter)
3 cl (1 oz) Orangensaft

ZUBEREITUNG

In einem Jigger nacheinander 2,5 cl (¾ oz) Cognac oder Brandy, 3 cl (1 oz) trockenen Wermut, 1,5 cl (½ oz) Bitter und 3 cl (1 oz) Orangensaft abmessen und in einen Shaker geben. Eiswürfel hinzufügen und einige Sekunden lang kräftig schütteln. Durch ein Barsieb in ein im Gefrierfach vorgekühltes Cocktailglas abseihen – die Eiswürfel bleiben dabei im Shaker zurück. Mit ½ Orangenscheibe und 2 Cocktailkirschen garniert servieren.

UNSER TIPP

Ein perfekter Cocktail zur Aperitifzeit.

CARDINALE

(Herstellung: stir & strain – rühren und abseihen)

GESCHÄTZTER ALKOHOLGEHALT: 19,6
KALORIENGEHALT: 178

ZUTATEN

4,5 cl (1 ½ oz) Gin
1,5 cl (½ oz) Bitter (unsere Empfehlung: Campari Bitter)
2,5 cl (¾ oz) trockener Wermut

ZUBEREITUNG

In einem Jigger nacheinander 4,5 cl (1 ½ oz) Gin, 2,5 cl (¾ oz) trockenen Wermut und 1,5 cl (½ oz) Bitter abmessen und in ein Rührglas gießen. Ein paar Eiswürfel hinzufügen und mit einem Barlöffel einige Sekunden lang umrühren. Durch ein Barsieb in ein im Gefrierfach vorgekühltes Cocktailglas abseihen – die Eiswürfel bleiben dabei im Rührglas zurück.

UNSER TIPP

Eignet sich perfekt als Aperitif.

GESCHÄTZTER ALKOHOLGEHALT: 13,6
KALORIENGEHALT: 152

CASABLANCA

Der Film spielt während des Zweiten Weltkriegs und ist auch heute noch der Liebesfilm schlechthin, in dem ein Mann sein eigenes Glück für die Rettung seiner Geliebten opfert. Unvergesslich: Humphrey Bogart und Ingrid Bergman. Legendär: Rick's Café Américain, *ein mit Klaviermusik untermalter Tummelplatz ungewisser Schicksale und illegaler Geschäfte. Zahlreiche Drinks kommen vor, wie eben der* Champagner-Cocktail, *der bis dahin ein Nischendasein führte und durch dieses Filmjuwel von 1942 berühmt wurde.*

CHAMPAGNER-COCKTAIL

(Herstellung: build – im Trinkglas anrichten)

ZUTATEN

1,5 cl (½ oz) Brandy oder Cognac
9 cl (3 oz) Champagner oder Sekt brut (klassische Methode)
1 Stück Würfelzucker
1,5 cl (½ oz) Grand Marnier
2-3 Spritzer (*dash*) Angostura Bitter

ZUBEREITUNG

1 Stück Würfelzucker in ein im Gefrierfach vorgekühltes Cocktail- oder Weinglas geben und mit 2-3 Spritzern Angostura beträufeln. Nacheinander 1,5 cl (½ oz) Brandy oder Cognac, 1,5 cl (½ oz) Grand Marnier und 9 cl (3 oz) frischen Champagner oder Sekt brut in einem Jigger abmessen und hinzufügen. Die Mischung mit einem Barlöffel behutsam umrühren und mit ½ Orangenscheibe und 1 Cocktailkirsche garniert servieren.

UNSER TIPP

Ein raffinierter Aperitif, aber nicht nur. Vorzüglich auch zu jeder anderen Gelegenheit.

CONTE DOURO

(Herstellung: build – im Trinkglas anrichten)

ZUTATEN

3 cl (1 oz) Gin
3 cl (1 oz) roter Portwein
3 cl (1 oz) Bitter (unsere Empfehlung: Campari Bitter)

ZUBEREITUNG

In einem Jigger nacheinander 3 cl (1 oz) Gin, 3 cl (1 oz) roten Portwein und 3 cl (1 oz) Bitter abmessen und in einen niedrigen, mit Eis gefüllten Tumbler gießen. Die Mischung einige Sekunden lang mit einem Barlöffel umrühren und mit einer halben Orangenscheibe garniert servieren.

UNSER TIPP

Eine fantastische Alternative zum klassischen Negroni.

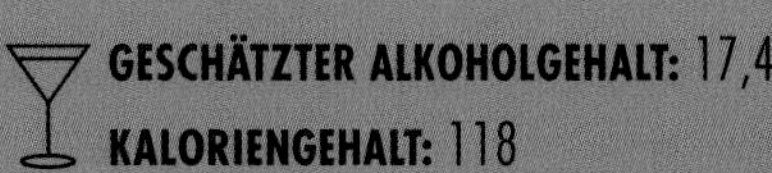

GESCHÄTZTER ALKOHOLGEHALT: 17,4
KALORIENGEHALT: 118

GESCHÄTZTER ALKOHOLGEHALT: 17,2
KALORIENGEHALT: 169

DIRTY MARTINI

(Herstellung: stir & strain – rühren und abseihen)

IRON MAN

Der Film war 2008 ein großer Erfolg und ist Vorläufer zahlreicher Blockbuster, wie The Avengers, Thor *oder* Captain America, *die auf Marvel-Comic-Figuren basieren. In dem Actionfilm bestellt der charmante Tony Stark (Robert Downey Jr.) auf einer Party für sich und seine hübsche Freundin Pepper Potts (Gwyneth Paltrow) zwei* Dirty Martini. *Der Cocktail profitierte vom Erfolg des Films und entwickelte sich zu einem trendigen Drink.*

ZUTATEN

6 cl (2 oz) trockener Wodka
1,5 cl (½ oz) trockener Wermut
0,5 cl (⅙ oz) Olivenlake

ZUBEREITUNG

In einem Jigger nacheinander 6 cl (2 oz) trockenen Wodka, 1,5 cl (½ oz) Wermut und 0,5 cl Olivenlake abmessen und in ein Rührglas gießen. Einige Eiswürfel hinzufügen. Mit einem Barlöffel umrühren und durch ein Barsieb, mit dem das Eis im Rührglas zurückgehalten wird, in ein im Gefrierfach vorgekühltes Cocktailglas abseihen. Zur Garnierung 3-4 grüne Oliven (unter fließendem Wasser abgespült, um die Salzlake zu entfernen) auf einen langen Partyspieß stecken und zusammen mit einer gekringelten Zitronenzeste servieren.

UNSER TIPP

Ein eleganter Aperitif mit einem durchaus eigenwilligen Geschmack.

EVERYDAY

(Herstellung: build – im Trinkglas anrichten)

ZUTATEN

4,5 cl (1 ½ oz) weißer Wermut
1,5 cl (½ oz) Bitter (unsere Empfehlung: Campari Bitter)
3 cl (1 oz) trockener Wodka

ZUBEREITUNG

In einem Jigger nacheinander 4,5 cl (1 ½ oz) weißen Wermut, 1,5 cl (½ oz) Bitter und 3 cl (1 oz) trockenen Wodka abmessen und in einen mit Eis gefüllten niedrigen Tumbler geben. Die Mischung einige Sekunden lang mit einem Barlöffel behutsam umrühren und mit einer halben Orangenspalte und 2 kurzen Trinkhalmen garniert servieren.

UNSER TIPP

Ein ausgezeichneter Aperitif mit einer leicht lieblichen Note.

GESCHÄTZTER ALKOHOLGEHALT: 18,3
KALORIENGEHALT: 127

GESCHÄTZTER ALKOHOLGEHALT: 13,2
KALORIENGEHALT: 98

GARIBALDI

(Herstellung: build – im Trinkglas anrichten)

ZUTATEN

6 cl (2 oz) Bitter (unsere Empfehlung: Campari Bitter)
9 cl (3 oz) Orangensaft (vorzugsweise rot)

ZUBEREITUNG

Nacheinander 6 cl (2 oz) Bitter und 9 cl (3 oz) Orangensaft in einem Jigger abmessen und in einen hohen, mit Eis gefüllten Tumbler gießen. Einige Sekunden lang mit einem Barlöffel umrühren und mit 1 Orangenscheibe und 2 langen Trinkhalmen garniert servieren.

UNSER TIPP

Ein köstlicher Aperitif, aber erfreut auch zu jeder anderen Zeit des Tages.

GAS-BAG

GESCHÄTZTER ALKOHOLGEHALT: 10,8
KALORIENGEHALT: 87

(Herstellung: shake & strain – schütteln und abseihen)

ZUTATEN

2,5 cl (¾ oz) trockener Wodka
3 cl (1 oz) Erdbeer-Smoothie oder Erdbeerpüree
1,5 cl (½ oz) Bitter (unsere Empfehlung: Campari Bitter)
6 cl (2 oz) Sekt brut oder Champagner

ZUBEREITUNG

In einem Jigger nacheinander 2,5 cl (¾ oz) trockenen Wodka, 3 cl (1 oz) Erdbeer-Smoothie oder -Püree und 1,5 cl (½ oz) Bitter abmessen und in einen Shaker geben. Ein paar Eiswürfel hinzufügen und einige Sekunden lang kräftig schütteln. Durch ein Barsieb, mit dem das Eis im Shaker zurückgehalten wird, in ein im Gefrierfach vorgekühltes Cocktail- oder Weinglas abseihen und mit 6 cl (2 oz) Sekt brut oder Champagner auffüllen. Behutsam umrühren und servieren.

UNSER TIPP

Ausgezeichneter Aperitif und auch zu jeder anderen Zeit des Tages ein perfekter Drink.

GESCHÄTZTER ALKOHOLGEHALT: 22,4
KALORIENGEHALT: 175

IBERICA

(Herstellung: stir & strain – rühren und abseihen)

ZUTATEN

6 cl (2 oz) kanadischer Whisky
3 cl (1 oz) roter Portwein
2-3 Spritzer (*dash*) Angostura Bitter

ZUBEREITUNG

In einem Jigger nacheinander 6 cl (2 oz) kanadischen Whisky und 3 cl (1 oz) roten Portwein abmessen und in ein Rührglas gießen. 2-3 Spritzer (dash) Angostura und einige Eiswürfel hinzufügen. Mit einem Barlöffel umrühren und durch ein Barsieb, mit dem das Eis im Rührglas zurückgehalten wird, in ein im Gefrierfach vorgekühltes Cocktailglas abseihen. Mit 1 oder 2 Cocktailkirschen garnieren und servieren.

UNSER TIPP

Ein köstlicher Aperitif, der sich zunehmend als Alternative zum Manhattan etabliert.

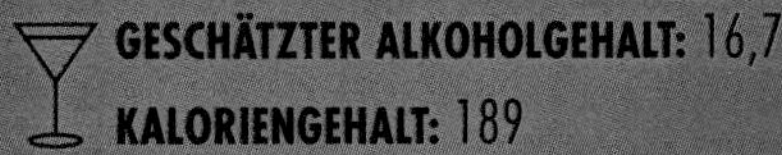

GESCHÄTZTER ALKOHOLGEHALT: 16,7
KALORIENGEHALT: 189

GIN & IT

(Herstellung: stir & strain – rühren und abseihen)

ZUTATEN

6 cl (2 oz) Gin
3 cl (1 oz) roter Wermut

ZUBEREITUNG

In einem Jigger nacheinander 6 cl (2 oz) Gin und 3 cl (1 oz) roten Wermut abmessen und in ein Rührglas gießen. Einige Eiswürfel hinzufügen und mit einem Barlöffel umrühren. Durch ein Barsieb in ein im Gefrierfach vorgekühltes Cocktailglas abseihen – die Eiswürfel bleiben dabei im Rührglas zurück.

UNSER TIPP

Ausgezeichneter Aperitif.

GESCHÄTZTER ALKOHOLGEHALT: 13,8
KALORIENGEHALT: 89

ITALIA-CILE (ITALIENISCH-CHILENISCHER ART)

(Herstellung: shake & strain – schütteln und abseihen)

ZUTATEN

3 cl (1 oz) Aperol
1,5 cl (½ oz) Bitter (unsere Empfehlung: Bitter Campari)
3 cl (1 oz) Pisco
3 cl (1 oz) Ananassaft

ZUBEREITUNG

In einem Jigger nacheinander 3 cl (1 oz) Pisco, 3 cl (1 oz) Aperol, 1,5 cl (½ oz) Bitter und 3 cl (1 oz) Ananassaft abmessen und in einen Shaker geben. Einige Eiswürfel hinzufügen und den Shaker mehrmals kräftig schütteln. Durch ein Barsieb, mit dem das Eis im Shaker zurückgehalten wird, in einen niedrigen, mit Eis gefüllten Tumbler abseihen. Mit ½ Orangenscheibe, ½ Ananasscheibe, 2 Cocktailkirschen und 2 kurzen Trinkhalmen garnieren.

UNSER TIPP

Hervorragend als Aperitif, aber auch zu jeder anderen Zeit ein Genuss.

ITALIENISCHER BITTER

(Herstellung: shake & strain – schütteln und abseihen)

GESCHÄTZTER ALKOHOLGEHALT: 8,2
KALORIENGEHALT: 96

ZUTATEN

3 cl (1 oz) Aperol
1,5 cl (½ oz) Bitter (unsere Empfehlung: Campari Bitter)
2,5 cl (¾ oz) Pfirsichlikör
9 cl (3 oz) Sanbittèr

ZUBEREITUNG

In einem Jigger nacheinander 3 cl (1 oz) Aperol, 1,5 cl (½ oz) Bitter und 2,5 cl (¾ oz) Pfirsichlikör abmessen und in einen Shaker geben. Einige Sekunden lang schütteln und durch ein Barsieb, mit dem das Eis im Shaker zurückgehalten wird, in einen hohen, mit Eis gefüllten Tumbler abseihen. Bis knapp unter den Rand mit 9 cl (3 oz) Sanbittèr auffüllen und mit einem Barlöffel behutsam umrühren. Mit ½ Orangenscheibe, 2 Cocktailkirschen und 2 langen Trinkhalmen garniert servieren.

UNSER TIPP

Ein vorzüglicher Aperitif.

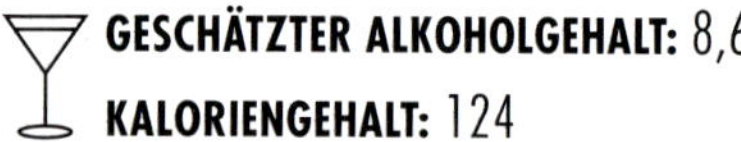
GESCHÄTZTER ALKOHOLGEHALT: 8,6
KALORIENGEHALT: 124

KIR ROYAL

(Herstellung: build – im Trinkglas anrichten)

ZUTATEN

2,5 cl (¾ oz) Crème de Cassis
12 cl (4 oz) Champagner oder ein sehr guter italienischer Sekt brut

ZUBEREITUNG

2,5 cl (¾ oz) Crème de Cassis in einem Jigger abmessen und in ein im Gefrierfach vorgekühltes Cocktail- oder Weinglas geben. Mit 12 cl (4 oz) gut gekühltem Champagner oder Sekt bis knapp unter den Rand des Glases auffüllen. Mit einem Barlöffel behutsam umrühren und servieren.

UNSER TIPP

Ein eleganter Aperitif und Drink, der auch zu jeder anderen Zeit des Tages erfreut.

LADY HUGO

(Herstellung: build – im Trinkglas anrichten)

ZUTATEN

3 cl (1 oz) Holunderblütensirup
6 cl (2 oz) Sekt Rosé brut oder Champagner Rosé
6 cl (2 oz) Soda oder Sprudelwasser

ZUBEREITUNG

In einem Jigger nacheinander 3 cl (1 oz) Holunderblütensirup, 6 cl (2 oz) Sekt Rosé oder Champagner Rosé und 6 cl (2 oz) Soda oder Sprudelwasser abmessen und in ein mit Eis gefülltes Weinglas gießen. Einige Sekunden lang umrühren und mit 1 Minzzweig, ½ Zitronenspalte und einigen essbaren Rosenblättern garniert servieren.

UNSER TIPP

Der Drink wird besonders von Frauen sehr geschätzt.

GESCHÄTZTER ALKOHOLGEHALT: 7,4
KALORIENGEHALT: 152

GESCHÄTZTER ALKOHOLGEHALT: 11,8

KALORIENGEHALT: 104

LAY-OFF

(Herstellung: shake & strain – schütteln und abseihen)

ZUTATEN

3 cl (1 oz) Gin
2,5 cl (¾ oz) weißer Wermut
1,5 cl (½ oz) Bitter (unsere Empfehlung: Campari Bitter)
3 cl (1 oz) frisch gepresster Orangensaft

ZUBEREITUNG

In einem Jigger nacheinander 3 cl (1 oz) Gin, 3 cl (1 oz) Orangensaft, 2,5 cl (¾ oz) weißen Wermut und 1,5 cl (½ oz) Bitter abmessen und in einen Shaker geben. Ein paar Eiswürfel hinzufügen und einige Sekunden lang kräftig schütteln. Durch ein Barsieb, mit dem das Eis im Shaker zurückgehalten wird, in ein im Gefrierfach vorgekühltes Cocktailglas abseihen. Mit 1 Cocktailkirsche und 1 Orangenspalte garniert servieren.

UNSER TIPP

Zu jeder Zeit ein Genuss und perfekt als Aperitif.

LITTLE DAVE

(Herstellung: shake & strain – schütteln und abseihen)

GESCHÄTZTER ALKOHOLGEHALT: 8,3
KALORIENGEHALT: 98

ZUTATEN

3 cl (1 oz) trockener weißer Madeira
2,5 cl (¾ oz) Aperol
1,5 cl (½ oz) Bitter (unsere Empfehlung: Campari Bitter)
9 cl (3 oz) Orangensaft

ZUBEREITUNG

In einem Jigger nacheinander 3 cl (1 oz) trockenen weißen Madeira, 2,5 cl (¾ oz) Aperol, 1,5 cl (½ oz) Bitter und 9 cl (3 oz) Orangensaft abmessen und in einen Shaker geben. Ein paar Eiswürfel hinzufügen und einige Sekunden lang kräftig schütteln. Durch ein Barsieb, mit dem das Eis im Shaker zurückgehalten wird, in einen hohen, mit Eis gefüllten Tumbler abseihen und mit 1 Grapefruit-, 1 Zitronen- und 1 Orangenspalte sowie 2 Cocktailkirschen garniert servieren.

UNSER TIPP

Ein toller Aperitif und auch sonst ein jederzeit passender Drink.

LORY

(Herstellung: shake & strain – schütteln und abseihen)

ZUTATEN

6 cl (2 oz) Aperol
1,5 cl (½ oz) Bitter (unsere Empfehlung: Campari Bitter)
3 cl (1 oz) Pfirsichlikör
9 cl (3 oz) Bitterorangeade

ZUBEREITUNG

In einem Jigger nacheinander 6 cl (2 oz) Aperol, 1,5 cl (½ oz) Bitter und 3 cl (1 oz) Pfirsichlikör abmessen und in einen Shaker geben. Einige Sekunden lang kräftig schütteln und durch ein Barsieb, mit dem das Eis im Shaker zurückgehalten wird, in einen hohen, mit Eis gefüllten Tumbler abseihen. Bis knapp unter den Rand mit 9 cl (3 oz) Bitterorangeade auffüllen und mit einem Barlöffel behutsam umrühren. Mit 1 Orangenspalte, 1 Grapefruitspalte, 2 Cocktailkirschen und 2 langen Trinkhalmen garniert servieren.

UNSER TIPP

Der Drink eignet sich bestens als Aperitif.

GESCHÄTZTER ALKOHOLGEHALT: 13,6
KALORIENGEHALT: 104

MADEIRA-MARTINI

(Herstellung: stir & strain – rühren und abseihen)

ZUTATEN

6 cl (2 oz) trockener Wodka
3 cl (1 oz) trockener weißer Madeira

ZUBEREITUNG

Die Zutaten nacheinander in einem Jigger abmessen und in ein Rührglas füllen. Mehrere Eiswürfel hinzufügen. Mit einem Barlöffel umrühren und durch ein Barsieb, mit dem das Eis im Rührglas zurückgehalten wird, in ein im Gefrierfach vorgekühltes Cocktailglas abseihen. Zur Garnierung 1-2 grüne Oliven (unter fließendem Wasser abgespült, um die Salzlake zu entfernen) auf einen langen Partyspieß stecken und zusammen mit 1 Zitronenzeste servieren.

UNSER TIPP

Als Aperitif eine ausgezeichnete Alternative zum Martini-Cocktail.

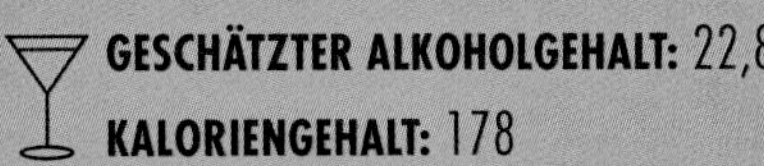

GESCHÄTZTER ALKOHOLGEHALT: 22,7
KALORIENGEHALT: 197

MANHATTAN

(Herstellung: stir & strain – rühren und abseihen)

MANCHE MÖGEN'S HEISS

Unter der Regie von Billy Wilder erzählt diese Oscar-prämierte Verkleidungskomödie aus dem Jahr 1959 von den Missgeschicken von Joe und Jerry (Tony Curtis und Jack Lemmon), zwei Musikern auf der Flucht vor der Unterwelt. Wäre da nicht auch noch Sugar (Marilyn Monroe), die schöne Ukulele-Spielerin mit gebrochenem Herzen, die die Dinge noch komplizierter werden lässt. Der Cocktail Manhattan *hat es ihr so angetan, dass sie ihn sogar im Zug in einer Wärmflasche zubereitet.*

ZUTATEN

6 cl (2 oz) Rye Whiskey oder kanadischer oder amerikanischer Whiskey
3 cl (1 oz) roter Wermut
2-3 Spritzer (*dash*) Angostura Bitter

ZUBEREITUNG

Nacheinander 6 cl (2 oz) Whisky und 3 cl (1 oz) roten Wermut in einem Jigger abmessen und in ein Rührglas gießen. 2-3 Spritzer Angostura und einige Eiswürfel hinzufügen. Die Mischung mit einem Barlöffel umrühren und durch ein Barsieb in ein im Gefrierfach vorgekühltes Cocktailglas abseihen – die Eiswürfel bleiben dabei im Rührglas zurück. Mit 2 Cocktailkirschen garniert servieren.

UNSER TIPP

Zählt zu den beliebtesten Aperitifs, aber hat auch als Abendgetränk Erfolg.

MARGARITA

(Herstellung: shake & strain – schütteln und abseihen)

GESCHÄTZTER ALKOHOLGEHALT: 18,6
KALORIENGEHALT: 160

AVENGERS - AGE OF ULTRON

In diesem von den Marvel Studios produzierten Blockbuster aus dem Jahr 2015 muss sich das bewährte Superheldenteam erneut zusammentun, um die Erde vor drohenden Katastrophen zu bewahren ... Berühmt ist eine lustige Szene, in der Tony Stark / Iron Man (Robert Downey Jr.) versucht, Bruce Banner / Hulk (Mark Ruffalo) davon zu überzeugen, „lieber an einer künstlichen Intelligenz zu arbeiten, anstatt in der Sonne zu liegen und Margaritas zu süffeln".

ZUTATEN

4,5 cl (1 ½ oz) Tequila
3 cl (1 oz) Cointreau oder Triple Sec
2,5 cl (¾ oz) Zitronen- oder Limettensaft

ZUBEREITUNG

Den halben Rand eines im Gefrierfach vorgekühlten Margarita- oder Coupette-Glases mit einem Stück Zitrone oder Limette benetzen. Das Glas kopfüber vorsichtig in ein gut mit Salz gefülltes Schälchen tupfen, bis das Salz an der befeuchteten Hälfte haften bleibt. Nacheinander in einem Jigger 4,5 cl (1 ½ oz) Tequila, 3 cl (1 oz) Cointreau oder Triple Sec sowie 2,5 cl (¾ oz) Zitronen- oder Limettensaft abmessen und in einen Shaker geben. Einige Eiswürfel hinzufügen und mehrmals kräftig schütteln. Durch ein Barsieb, mit dem das Eis im Shaker zurückgehalten wird, in das vorbereitete Margarita- oder Coupette-Glas abseihen und servieren.

UNSER TIPP

Ausgezeichnet zu jeder Tageszeit.

GESCHÄTZTER ALKOHOLGEHALT: 27,2
KALORIENGEHALT: 203

MARTINI-COCKTAIL

(Herstellung: stir & strain – rühren und abseihen)

ALLES ÜBER EVA

Der Film Alles über Eva *von 1950 strich eine Rekordzahl von Oscar-Nominierungen ein. Er zeigt ein gnadenloses Porträt des Showbusiness, das Margo Channing (Bette Davis), eine Künstlerin „larger than life", zur Legende machte. Es gibt zahlreiche Sequenzen, in denen vor allem getrunken wird und auch Margo nippt gewöhnlich an einem Martini-Cocktail, der sich in den folgenden Jahren zu einem der filmtauglichsten überhaupt entwickelte.*

ZUTATEN

7,5 cl (2 ½ oz) Gin
1,5 cl (½ oz) trockener Wermut

ZUBEREITUNG

In einem Jigger 7,5 cl (2 ½ oz) Gin abmessen und in ein Rührglas gießen. 1,5 cl (½ oz) trockenen Wermut und einige Eiswürfel hinzugeben. Mit einem Barlöffel umrühren und den Drink durch ein Barsieb in ein im Gefrierfach vorgekühltes Cocktailglas abseihen – die Eiswürfel bleiben dabei im Rührglas zurück. 1-2 abgespülte grüne Oliven auf einen längeren Partyspieß stecken und mit einer Zitronenzeste als Garnierung hinzufügen.

UNSER TIPP

Trocken und leicht aromatisch, er ist der König unter den Aperitifs.

MICHELLE FOREVER

GESCHÄTZTER ALKOHOLGEHALT: 8,4
KALORIENGEHALT: 97

(Herstellung: shake & strain – schütteln und abseihen)

ZUTATEN

3 cl (1 oz) Aperol
2,5 cl (¾ oz) weißer Wermut
1,5 cl (½ oz) Bitter (unsere Empfehlung: Campari Bitter)
9 cl (3 oz) Orangensaft

ZUBEREITUNG

In einem Jigger nacheinander 3 cl (1 oz) Aperol, 2,5 cl (¾ oz) weißen Wermut, 1,5 cl (½ oz) Bitter und 9 cl (3 oz) Orangensaft abmessen und in einen Shaker geben. Einige Sekunden lang kräftig schütteln. Durch ein Barsieb, mit dem das Eis im Shaker zurückgehalten wird, in einen hohen, mit Eis gefüllten Tumbler abseihen. Mit ½ Orangenspalte, ½ Zitronenspalte, 1 Cocktailkirsche und 2 langen Trinkhalmen garniert servieren.

UNSER TIPP

Ein hervorragender Aperitif, der auch zu jeder anderen Zeit des Tages erfreut.

GESCHÄTZTER ALKOHOLGEHALT: 13
KALORIENGEHALT: 198

MICHELLE ICE

(Herstellung: blender – im Mixer)

ZUTATEN

6 cl (2 oz) Aperol
1,5 cl (½ oz) Bitter (unsere Empfehlung: Campari Bitter)
3 cl (1 oz) Pfirsich-Wodka
100 g (ca.) ACE-Eiscreme

ZUBEREITUNG

In einem Jigger nacheinander 6 cl (2 oz) Aperol, 1,5 cl (½ oz) Bitter und 3 cl (1 oz) Pfirsich-Wodka abmessen und in einen Mixer geben. Ca. 100 g Eiscreme und ½ niedrigen Tumbler voll Crushed Ice hinzufügen. 15-20 Sekunden lang mixen und in einen hohen Tumbler füllen. Mit ½ Orangenscheibe und 2 langen Trinkhalmen garniert servieren.

UNSER TIPP

Hervorragender Aperitif und erfrischend zu jeder Tageszeit.

MIMOSA

(Herstellung: build – im Trinkglas anrichten)

GESCHÄTZTER ALKOHOLGEHALT: 8,3
KALORIENGEHALT: 98

ZUTATEN

4,5 (1 ½ oz) frisch gepresster Orangensaft
12 cl (4 oz) Sekt brut oder Champagner

ZUBEREITUNG

4,5 cl (1 ½ oz) frisch gepressten Orangensaft in einem Jigger abmessen und in ein kleines, im Gefrierfach vorgekühltes Cocktail- oder Weinglas geben. Bis knapp unter den Rand mit 12 cl (4 oz) gekühltem Sekt brut oder Champagner auffüllen. Mit einem Barlöffel behutsam umrühren und garniert mit 1 Orangenspalte servieren.

UNSER TIPP

Ein hervorragender Aperitif, der auch zu jeder anderen Zeit des Tages erfreut.

„EUROPÄISCHER" TWIST MOJITO

(Herstellung: mit einem muddler – Stößel)

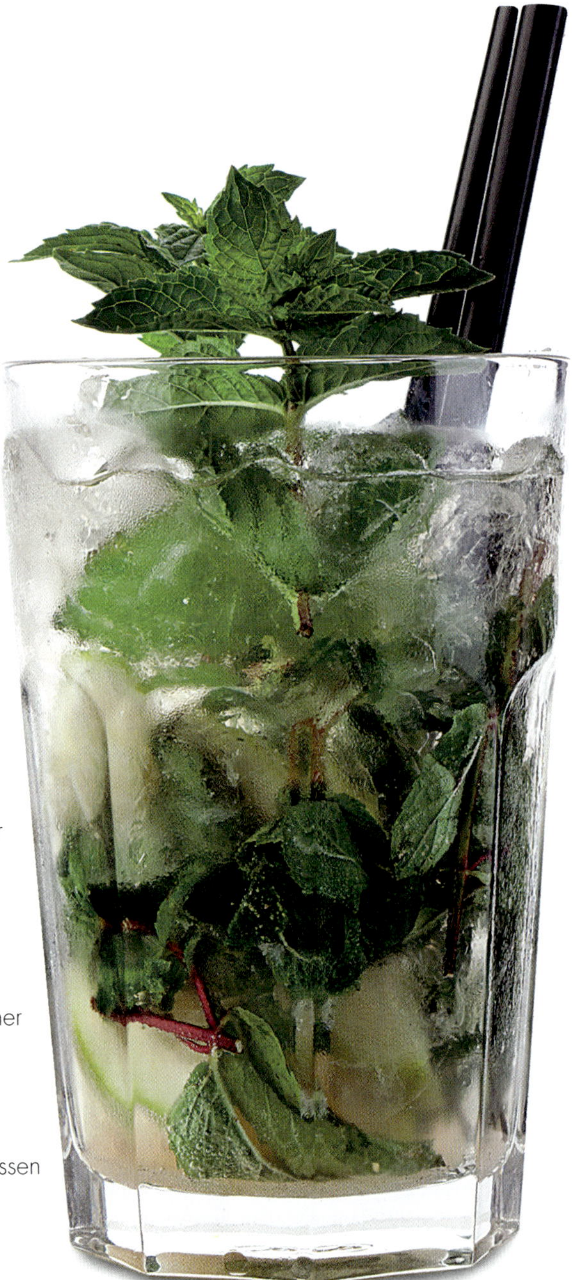

ZUTATEN

4,5 cl (1 ½ oz) weißer oder goldener Rum
20 g (ca.) weißer Zucker oder Rohrzucker
7 g frische Minzblätter
½ Limette
6 cl (2 oz) Soda oder Sprudelwasser

ZUBEREITUNG

Eine halbe, in kleine Würfel geschnittene Limette mit ca. 20 g Zucker in einen hohen Tumbler geben und mit einem Stößel zu einer Paste zerstoßen. 7 g Minzblätter hinzugeben und leicht gegen das Glas drücken. Mit Eiswürfeln oder Crushed Ice auffüllen. 4,5 cl (1 ½ oz) weißen oder goldenen Rum in einem Jigger abmessen, hinzugeben und das Glas mit stark sprudelndem Mineralwasser bis zum Rand füllen. Mehrmals mit einem Barlöffel umrühren und vor dem Servieren mit zwei langen Trinkhalmen und einem Zweig frischer Minze garnieren.

UNSER TIPP

Der Cocktail kann zu jeder Tageszeit genossen werden, er eignet sich besonders gut als Aperitif.

NEGRONI

(Herstellung: build – im Trinkglas anrichten)

GESCHÄTZTER ALKOHOLGEHALT: 19

KALORIENGEHALT: 123

ZUTATEN

3 cl (1 oz) Gin

3 cl (1 oz) roter Wermut

3 cl (1 oz) Bitter (unsere Empfehlung: Campari Bitter)

ZUBEREITUNG

In einem Jigger nacheinander 3 cl (1 oz) Gin, 3 cl (1 oz) roten Wermut und 3 cl (1 oz) Bitter abmessen und in einen niedrigen, mit Eis gefüllten Tumbler gießen. Die Mischung einige Sekunden lang mit einem Barlöffel umrühren. Garniert mit einer halben Orangenscheibe servieren.

UNSER TIPP

Es ist der Aperitif schlechthin, aber passt abends auch zu jeder anderen Gelegenheit.

GESCHÄTZTER ALKOHOLGEHALT: 21
KALORIENGEHALT: 125

NEGRONI SBAGLIATO

(Herstellung: build – im Trinkglas anrichten)

ZUTATEN

3 cl (1 oz) Bitter (unsere Empfehlung: Campari Bitter)
3 cl (1 oz) roter Wermut
3 cl (1 oz) Sekt brut

ZUBEREITUNG

Nacheinander 3 cl (1 oz) Bitter und 3 cl (1 oz) roten Wermut in einem Jigger abmessen und in einen niedrigen, mit Eis gefüllten Tumbler gießen. Bis knapp unter den Rand mit 3 cl (1 oz) gekühltem Sekt brut auffüllen und mit einem Barlöffel behutsam umrühren. Mit 1 Orangenspalte garnieren und servieren.

UNSER TIPP

Ein klassischer Aperitif, aber auch tagsüber oder abends immer ein begehrter Drink.

NEGROSKY

(Herstellung: build – im Trinkglas anrichten)

GESCHÄTZTER ALKOHOLGEHALT: 21,1
KALORIENGEHALT: 136

ZUTATEN

3 cl (1 oz) trockener Wodka
3 cl (1 oz) Bitter (unsere Empfehlung: Campari Bitter)
3 cl (1 oz) roter Wermut

ZUBEREITUNG

In einem Jigger nacheinander 3 cl (1 oz) trockenen Wodka, 3 cl (1 oz) Bitter und 3 cl (1 oz) roten Wermut abmessen und in einen niedrigen, mit Eis gefüllten Tumbler gießen. Mit einem Barlöffel umrühren und mit einer Orangenspalte garniert servieren.

UNSER TIPP

Als Aperitif eine vortreffliche Alternative zum Negroni.

GESCHÄTZTER ALKOHOLGEHALT: 21,3
KALORIENGEHALT: 131

NEW FRED ROSE

(Herstellung: shake & strain – schütteln und abseihen)

ZUTATEN

3 cl (1 oz) Gin
3 cl (1 oz) Mandarinetto Isolabella (Mandarinenlikör)
1,5 cl (½ oz) Limoncello
1,5 cl (½ oz) Bitter (unsere Empfehlung: Campari Bitter)

ZUBEREITUNG

In einem Jigger nacheinander 3 cl (1 oz) Gin, 3 cl (1 oz) Mandarinetto Isolabella, 1,5 cl (½ oz) Bitter und 1,5 cl (½ oz) Limoncello abmessen und in einen Shaker geben. Mehrere Eiswürfel hinzufügen und einige Sekunden lang kräftig schütteln. Durch ein Barsieb, mit dem das Eis im Shaker zurückgehalten wird, in ein im Gefrierfach vorgekühltes Cocktailglas abseihen. Mit 1 Cocktailkirsche und 1 Zitronen- oder Limettenspalte garniert servieren.

UNSER TIPP

Sehr erfrischendes Getränk, auch als Aperitif zu empfehlen.

NEW LULÙ

GESCHÄTZTER ALKOHOLGEHALT: 9,6
KALORIENGEHALT: 88

(Herstellung: shake & strain – schütteln und abseihen)

ZUTATEN

4,5 cl (1 ½ oz) Aperol
1,5 cl (½ oz) Bitter (unsere Empfehlung: Campari Bitter)
2,5 cl (¾ oz) Pfirsichlikör
9 cl (3 oz) Orangensaft

ZUBEREITUNG

In einem Jigger nacheinander 4,5 cl (1 ½ oz) Aperol, 2,5 cl (¾ oz) Pfirsichlikör, 1,5 cl (½ oz) Bitter und 9 cl (3 oz) Orangensaft abmessen und in einen Shaker geben. Einige Sekunden lang kräftig schütteln und durch ein Barsieb, mit dem das Eis im Shaker zurückgehalten wird, in einen hohen, mit Eis gefüllten Tumbler abseihen. Mit ½ Orangenscheibe, 2 Cocktailkirschen und 2 langen Trinkhalmen garniert servieren.

UNSER TIPP

Ausgezeichnet als Aperitif und überhaupt jederzeit ein Genuss.

GESCHÄTZTER ALKOHOLGEHALT: 18,7
KALORIENGEHALT: 127

OLD PALE

(Herstellung: stir & strain – rühren und abseihen)

ZUTATEN

3 cl (1 oz) amerikanischer Whiskey
3 cl (1 oz) trockener Wermut
3 cl (1 oz) Bitter (unsere Empfehlung: Campari Bitter)

ZUBEREITUNG

In einem Jigger nacheinander 3 cl (1 oz) Whiskey, 3 cl (1 oz) trockenen Wermut und 3 cl (1 oz) Bitter abmessen und in ein Rührglas gießen. Einige Eiswürfel hinzufügen und mit einem Barlöffel umrühren. Durch ein Barsieb in ein im Gefrierfach vorgekühltes Cocktailglas abseihen – die Eiswürfel bleiben dabei im Rührglas zurück. Mit 1 Cocktailkirsche garniert servieren.

UNSER TIPP

Fantastischer Aperitif, ein echter Klassiker.

OLIVO.0

von Gianfranco Cacciola

(Herstellung: stir & strain – rühren und abseihen)

ZUTATEN

4,5 cl (1 ½ oz) Ulivar (kalabrischer Olivenlikör)
4,5 cl (1 ½ oz) (mediterraner) Gin
3 Spritzer (*dash*) natives Olivenöl extra

ZUBEREITUNG

In einem Jigger nacheinander 4,5 cl (1 ½ oz) Ulivar und 4,5 cl (1 ½ oz) Gin abmessen und zusammen mit einigen Eiswürfeln in ein Rührglas gießen. Mit einem Barlöffel umrühren. Durch ein Barsieb, mit dem das Eis im Rührglas zurückgehalten wird, in ein im Gefrierfach vorgekühltes Cocktailglas abseihen. 3 Spritzer (*dash*) natives Olivenöl extra hinzufügen (es soll auf der Oberfläche schwimmen bleiben) und servieren.

UNSER TIPP

Innovativer Aperitif, ideal zu jeder Tageszeit.

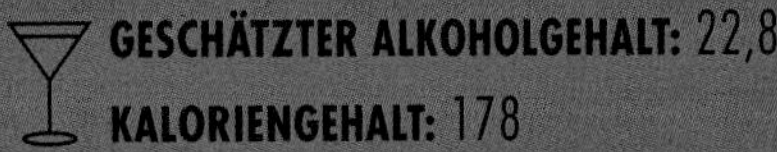

ORIGINAL SPRITZ

(Herstellung: build – im Trinkglas anrichten)

ZUTATEN

6 cl (2 oz) Sauvignon
1,5 cl (½ oz) Soda oder Sprudelwasser

ZUBEREITUNG

In einem Jigger nacheinander 6 cl (2 oz) Sauvignon und 1,5 cl (½ oz) sprudeliges Mineralwasser abmessen und in ein mit Eis gefülltes Kelchglas gießen. Die Mischung einige Sekunden lang mit einem Barlöffel vorsichtig umrühren und mit einer halben Zitronenscheibe garniert servieren.

UNSER TIPP

Der perfekte Drink zur Happy Hour, aber auch jederzeit sonst beliebt.

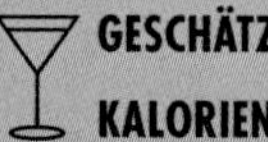

GESCHÄTZTER ALKOHOLGEHALT: 5,6
KALORIENGEHALT: 52

PARADISE

(Herstellung: shake & strain – schütteln und abseihen)

ZUTATEN

4,5 cl (1 ½ oz) Gin
3 cl (1 oz) Aprikosenbrand
2,5 cl (¾ oz) frisch gepresster Orangensaft

ZUBEREITUNG

In einem Jigger nacheinander 4,5 cl (1 ½ oz) Gin, 3 cl (1 oz) Aprikosenbrand und 2,5 cl (¾ oz) Orangensaft abmessen und in einen Shaker geben. Eiswürfel hinzufügen und einige Sekunden lang kräftig schütteln. Durch ein Barsieb, mit dem das Eis im Shaker zurückgehalten wird, in ein im Gefrierfach vorgekühltes Cocktailglas abseihen und mit einer ½ Orangenscheibe garniert servieren.

UNSER TIPP

Ein fantastischer Drink, der zu jeder Tageszeit erfreut.

GESCHÄTZTER ALKOHOLGEHALT: 16,3

KALORIENGEHALT: 190

PORTO MARTINI

(Herstellung: stir & strain – rühren und abseihen)

ZUTATEN

6 cl (2 oz) Gin
3 cl (1 oz) weißer Portwein

ZUBEREITUNG

In einem Jigger nacheinander 6 cl (2 oz) Gin und 3 cl (1 oz) weißen Portwein abmessen und in ein Rührglas gießen. Einige Eiswürfel hinzufügen. Mit einem Barlöffel umrühren und durch ein Barsieb, mit dem das Eis im Rührglas zurückgehalten wird, in ein im Gefrierfach vorgekühltes Cocktailglas abseihen. Zur Garnierung 3-4 grüne Oliven (unter fließendem Wasser abgespült, um die Salzlake zu entfernen) auf einen langen Partyspieß stecken und zusammen mit einer gekringelten Zitronenzeste servieren.

UNSER TIPP

Als Aperitif eine leckere Alternative zum Martini-Cocktail.

GESCHÄTZTER ALKOHOLGEHALT: 21,6
KALORIENGEHALT: 138

PORTOGUESE

(Herstellung: build – im Trinkglas anrichten)

ZUTATEN

3 cl (1 oz) Bitter (unsere Empfehlung: Campari Bitter)
3 cl (1 oz) roter Portwein
3 cl (1 oz) Soda oder Sprudelwasser)

ZUBEREITUNG

In einem Jigger nacheinander 3 cl (1 oz) Bitter und 3 cl (1 oz) roten Portwein abmessen und in einen niedrigen, mit Eis gefüllten Tumbler gießen. Das Glas bis knapp unter den Rand mit 3 cl (1 oz) Soda oder Sprudelwasser auffüllen. Mit einem Barlöffel behutsam umrühren und mit einer halben Orangenspalte und ein paar Zitronenzesten garniert servieren.

UNSER TIPP

Bietet sich als fantastische Alternative zum Aperitif Americano an.

GESCHÄTZTER ALKOHOLGEHALT: 5,6
KALORIENGEHALT: 88

ZUTATEN

4,5 cl (1 ½ oz) Mandarinensaft
12 cl (4 oz) Sekt brut oder Champagner

ZUBEREITUNG

4,5 cl (1 ½ oz) Mandarinensaft in einem Jigger abmessen und in ein kleines, im Gefrierfach vorgekühltes Cocktail- oder Weinglas geben. Bis knapp unter den Rand mit 12 cl (4 oz) gekühltem Sekt brut oder Champagner auffüllen. Mit einem Barlöffel behutsam umrühren und servieren.

UNSER TIPP

Ein eleganter Aperitif, der auch zu jeder anderen Zeit des Tages erfreut.

GESCHÄTZTER ALKOHOLGEHALT: 21,8
KALORIENGEHALT: 189

ROB ROY

(Herstellung: stir & strain – rühren und abseihen)

ZEIT DES ERWACHENS

Dank dieser wunderbaren Filmbiografie von 1990, die das Leben des vielschichtigen Oliver Sacks (Robin Williams) nachzeichnet, erlebte der Rob Roy *nach Jahren des Vergessens unerwartet ein weltweites Revival. Der Cocktail hat seinen Auftritt, als eine der Patientinnen, die nach vielen Jahren aus dem Koma erwacht, lautstark nach einem* Rob Roy *verlangt.*

ZUTATEN

6 cl (2 oz) Blended Scotch Whisky
3 cl (1 oz) roter Wermut
2-3 Spritzer (*dash*) Angostura Bitter

ZUBEREITUNG

Nacheinander 6 cl (2 oz) Whisky und 3 cl (1 oz) roten Wermut in einem Jigger abmessen und in ein Rührglas gießen. 2-3 Spritzer Angostura und einige Eiswürfel hinzufügen und mit einem Barlöffel umrühren. Durch ein Barsieb in ein im Gefrierfach vorgekühltes Cocktailglas abseihen – die Eiswürfel bleiben dabei im Rührglas zurück. Mit 2 Cocktailkirschen garniert servieren.

UNSER TIPP

Ausgezeichneter Aperitif.

ROSSINI

(Herstellung: build – im Trinkglas anrichten)

GESCHÄTZTER ALKOHOLGEHALT: 8,2
KALORIENGEHALT: 98

ZUTATEN

5-6 mittelgroße Erdbeeren
12 cl (4 oz) Champagner
oder Sekt brut (klassische Methode)
4,5 cl (1 ½ oz) Erdbeerpüree
(wahlweise)
3 cl (1 oz) stilles Mineralwasser

ZUBEREITUNG

4,5 cl (1 ½ oz) Erdbeerpüree und 3 cl (1 oz) stilles Mineralwasser in einem Jigger abmessen und zusammen mit 5-6 mittelgroßen Erdbeeren mit dem Rührstab pürieren. 3 cl (1 oz) des Erdbeermuses abschöpfen und in ein im Gefrierfach vorgekühltes Cocktailglas füllen. 12 cl (4 oz) gekühlten Sekt brut oder Champagner dazugeben und die Mischung mit einem Barlöffel behutsam umrühren. Vor dem Servieren kann das Glas nach Belieben mit frischen Erdbeeren garniert werden.

UNSER TIPP

Kann zu jeder Tageszeit genossen werden. Ausgezeichnet auch als Aperitif.

GESCHÄTZTER ALKOHOLGEHALT: 17,6
KALORIENGEHALT: 115

SALLY

(Herstellung: build – im Trinkglas anrichten)

ZUTATEN

3 cl (1 oz) trockener Wodka
3 cl (1 oz) Aperol
1,5 cl (½ oz) Bitter (unsere Empfehlung: Campari Bitter)
2,5 cl (¾ oz) Mandarinetto Isolabella (Mandarinenlikör)

ZUBEREITUNG

In einem Jigger nacheinander 3 cl (1 oz) trockenen Wodka, 3 cl (1 oz) Aperol, 2,5 cl (¾ oz) Mandarinenlikör und 1,5 cl (½ oz) Bitter abmessen und in einen niedrigen, mit Eis gefüllten Tumbler gießen. Mit einem Barlöffel umrühren und mit 1 Orangenscheibe und 2 Cocktailkirschen garniert servieren.

UNSER TIPP

Ein köstlicher Aperitif für fröhliche Happy-Hour-Stunden.

SAMOA

GESCHÄTZTER ALKOHOLGEHALT: 21,8
KALORIENGEHALT: 160

(Herstellung: stir & strain – rühren und abseihen)

ZUTATEN

6 cl (2 oz) trockener Wodka
2,5 cl (¾ oz) Pfirsichlikör
1,5 cl (½ oz) Bitter (unsere Empfehlung: Campari Bitter)

ZUBEREITUNG

In einem Jigger nacheinander 6 cl (2 oz) trockenen Wodka, 2,5 cl (¾ oz) Pfirsichlikör und 1,5 cl (½ oz) Bitter abmessen und in ein Rührglas gießen. Eiswürfel hinzufügen und mit einem Barlöffel einige Sekunden lang umrühren. Über ein Barsieb in ein im Gefrierfach vorgekühltes Cocktailglas abseihen – die Eiswürfel bleiben dabei im Rührglas zurück. Garniert mit ½ Orangenscheibe und 1 Cocktailkirsche servieren.

UNSER TIPP

Hervorragend als Aperitif oder als Partygetränk für laue Sommernächte.

SHERRY MARTINI

(Herstellung: stir & strain – rühren und abseihen)

ZUTATEN

6 cl (2 oz) trockener Wodka
3 cl (1 oz) trockener Sherry

ZUBEREITUNG

6 cl (2 oz) trockenen Wodka in einem Jigger abmessen und in ein Rührglas gießen. 3 cl (1 oz) trockenen Sherry und einige Eiswürfel hinzufügen. Mit einem Barlöffel umrühren und durch ein Barsieb, mit dem das Eis im Shaker zurückgehalten wird, in ein im Gefrierfach vorgekühltes Cocktailglas abseihen. Zur Garnierung 3-4 grüne Oliven (unter fließendem Wasser abgespült, um die Salzlake zu entfernen) auf einen Partyspieß stecken und zusammen mit 1 Zitronenzeste servieren.

UNSER TIPP

Als Aperitif eine hervorragende Alternative zum Martini-Cocktail.

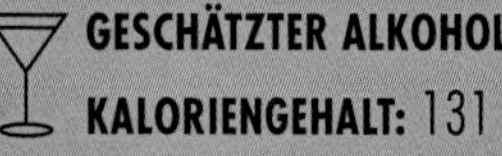

GESCHÄTZTER ALKOHOLGEHALT: 13,4
KALORIENGEHALT: 131

SILVIA

(Herstellung: shake & strain – schütteln und abseihen)

ZUTATEN

3 cl (1 oz) Aperol
3 cl (1 oz) Bitter (unsere Empfehlung: Campari Bitter)
6 cl (2 oz) Müller-Thurgau
6 cl (2 oz) Orangensaft

ZUBEREITUNG

In einem Jigger nacheinander 3 cl (1 oz) Aperol, 3 cl (1 oz) Bitter, 6 cl (2 oz) Orangensaft und 6 cl (2 oz) Müller-Thurgau abmessen und in einen Shaker geben. Ein paar Eiswürfel hinzufügen und einige Sekunden lang kräftig schütteln. Durch ein Barsieb, mit dem das Eis im Shaker zurückgehalten wird, in einen hohen, mit Eis gefüllten Tumbler abseihen und mit 1 Zitronenscheibe und 3 Cocktailkirschen auf einem langen Partyspieß garniert servieren.

UNSER TIPP

Ein ausgezeichneter Aperitif, der die heißesten Tage des Jahres verschönt.

GESCHÄTZTER ALKOHOLGEHALT: 9,8
KALORIENGEHALT: 122

GESCHÄTZTER ALKOHOLGEHALT: 5,6
KALORIENGEHALT: 52

SPRITZ

(Herstellung: build – im Trinkglas anrichten)

ZUTATEN

6 cl (2 oz) Sekt brut
4,5 cl (1 ½ oz) Aperol
1,5 cl (½ oz) Soda oder Sprudelwasser

ZUBEREITUNG

In einem Jigger nacheinander 4,5 cl (1 ½ oz) Aperol, 6 cl (2 oz) Sekt brut und 1,5 cl (½ oz) sprudeliges Mineralwasser abmessen und in ein mit Eis gefülltes Kelchglas oder einen mit Eis gefüllten hohen Tumbler gießen. Die Mischung einige Sekunden lang mit einem Barlöffel vorsichtig umrühren und mit einer halben Orangenscheibe garniert servieren.

UNSER TIPP

Ein unverzichtbarer Aperitif, jederzeit ein Genuss.

SPRITZ CAMPARI (PIRLO)

(Herstellung: build – im Trinkglas anrichten)

ZUTATEN

4,5 cl (1 ½ oz) Bitter (unsere Empfehlung: Campari Bitter)
9 cl (3 oz) Sekt brut
3 cl (1 oz) Soda oder Sprudelwasser

ZUBEREITUNG

In einem Jigger nacheinander 4,5 cl (1 ½ oz) Bitter, 9 cl (3 oz) Sekt brut und 3 cl (1 oz) Soda oder Sprudelwasser abmessen und in ein mit Eis gefülltes Weinglas gießen. Mit einem Barlöffel einige Sekunden lang behutsam umrühren und servieren.

UNSER TIPP

Dieser Aperitif ist ein Hit zur Happy Hour.

GESCHÄTZTER ALKOHOLGEHALT: 8,9
KALORIENGEHALT: 146

TORRE DI BELEM

(Herstellung: build – im Trinkglas anrichten)

ZUTATEN

6 cl (2 oz) roter Portwein
3 cl (1 oz) Bitter (unsere Empfehlung: Campari Bitter)

ZUBEREITUNG

In einem Jigger nacheinander 6 cl (2 oz) roten Portwein und 3 cl (1 oz) Bitter abmessen und in einen niedrigen, mit Eis gefüllten Tumbler gießen. Mit einem Barlöffel umrühren und mit ½ Orangenspalte und 2 kurzen Trinkhalmen garniert servieren.

UNSER TIPP

Ein ausgezeichneter Aperitif zum Abend.

GESCHÄTZTER ALKOHOLGEHALT: 11,6
KALORIENGEHALT: 85

VESCOVO

(Herstellung: stir & strain – rühren und abseihen)

ZUTATEN

4,5 cl (1 ½ oz) Gin
1,5 cl (½ oz) Bitter (unsere Empfehlung: Campari Bitter)
3 cl (1 oz) weißer Portwein

ZUBEREITUNG

In einem Jigger nacheinander 4,5 cl (1 ½ oz) Gin, 3 cl (1 oz) weißen Portwein und 1,5 cl (½ oz) Bitter abmessen und in ein Rührglas gießen. Eiswürfel hinzufügen und mit einem Barlöffel einige Sekunden lang umrühren. Durch ein Barsieb, mit dem das Eis im Rührglas zurückgehalten wird, in ein im Gefrierfach vorgekühltes Cocktailglas abseihen. Servieren.

UNSER TIPP

Raffinierter Aperitif für gehobene Anlässe.

GESCHÄTZTER ALKOHOLGEHALT: 12,7
KALORIENGEHALT: 96

VESPER MARTINI TWIST ITALIAN STYLE

(Herstellung: shake & strain – schütteln und abseihen)

ZUTATEN

6 cl (2 oz) Gin
1,5 cl (½ oz) trockener Wodka
1,5 cl (½ oz) weißer Wermut
Zitronenschale (wahlweise)

ZUBEREITUNG

In einem Jigger nacheinander 6 cl (2 oz) Gin, 1,5 cl (½ oz) klaren Wermut und 1,5 cl (½ oz) trockenen Wodka abmessen und in einen Shaker geben. Eiswürfel hinzufügen und einige Sekunden lang kräftig schütteln. Durch ein Barsieb, mit dem das Eis im Shaker zurückgehalten wird, in ein im Gefrierfach vorgekühltes Cocktailglas abseihen und servieren.

UNSER TIPP

Ausgezeichneter Aperitif, eine Huldigung an den Agenten 007 in *Casino Royale*.

GESCHÄTZTER ALKOHOLGEHALT: 25,8

KALORIENGEHALT: 192

CASINO ROYALE

Zu den legendären Verschmelzungen von Cocktail und Film gehört zweifellos die von Vesper Martini *mit* Casino Royale *von 2008, in dem Daniel Craig als James Bond debütierte. In dem in Anlehnung an Flemings gleichnamigen Roman aus dem Jahr 1953 gedrehten Film bestellt 007 während eines spannenden Pokerspiels einen Cocktail, für den er genaueste Anweisungen über Zutaten und Mischungsverhältnisse gibt. Weltweit gewann der Drink in kürzester Zeit Kultcharakter.*

VIN CANTO

von Salvatore Bongiovanni

(Herstellung: build – im Trinkglas anrichten)

ZUTATEN

1,5 cl (½ oz) Holunderblütensirup
6 cl (2 oz) junger Rotwein (Novello)
3 cl (1 oz) Gin (vorzugsweise reich an pflanzlichen Bestandteilen)

ZUBEREITUNG

In einem Jigger nacheinander 1,5 cl (½ oz) Holunderblütensirup, 3 cl (1 oz) Gin und 6 cl (2 oz) jungen Rotwein abmessen und in ein mit Eis gefülltes Weinglas gießen. Einige Sekunden lang umrühren und mit Blaubeeren, Johannisbeeren, Brombeeren und einem Zweig Minze garniert servieren.

UNSER TIPP

Delikater Digestif. Auch abends ein Genuss.

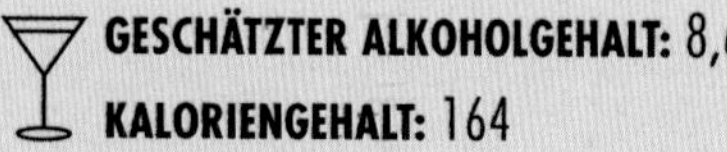

GESCHÄTZTER ALKOHOLGEHALT: 8,6
KALORIENGEHALT: 164

VODKA MARTINI BOND (JAMES BONDS WODKA MARTINI)

(Herstellung: shake & strain – schütteln und abseihen)

ZUTATEN

7,5 cl (2 ½ oz) trockener Wodka
1,5 cl (½ oz) trockener Wermut

ZUBEREITUNG

Nacheinander 7,5 cl (2 ½ oz) trockenen Wodka und 1,5 cl (½ oz) trockenen Wermut in einem Jigger abmessen und in einen Shaker geben. Mit Eiswürfeln einige Sekunden lang kräftig schütteln und über ein Barsieb in ein im Gefrierfach vorgekühltes Cocktailglas abseihen – das Eis bleibt dabei im Shaker zurück. 2-3 grüne Oliven abspülen, auf einen langen Partyspieß stecken und zusammen mit einer Zitronenzeste als Garnierung hinzufügen.

UNSER TIPP

Einer der beliebtesten Aperitifs der Welt, der nicht zuletzt durch die Filmserie mit Geheimagent 007 James Bond berühmt geworden ist.

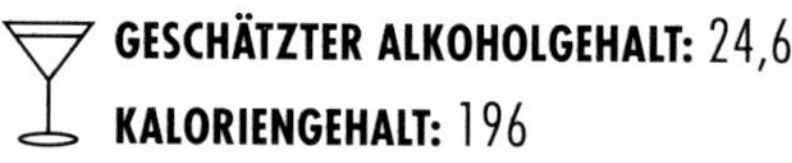

GESCHÄTZTER ALKOHOLGEHALT: 24,6
KALORIENGEHALT: 196

JAMES BOND 007 – GOLDFINGER

1964 wurde der dritte Teil der James-Bond-Reihe veröffentlicht. Darin sagt der Geheimagent 007 (Sean Connery) zum ersten Mal den legendären Satz „Martini shaken, not stirred", womit er klarstellt, dass er ihn „geschüttelt und nicht gerührt" bevorzugt. Diese Aufforderung wurde in vielen nachfolgenden Episoden wiederholt und schuf einen echten Slogan, der das Getränk zum „filmischsten Cocktail aller Zeiten" machte.

GESCHÄTZTER ALKOHOLGEHALT: 16,3
KALORIENGEHALT: 121

WHITE NEGRONI

(Herstellung: build – im Trinkglas anrichten)

ZUTATEN

3 cl (1 oz) Gin
3 cl (1 oz) weißer Wermut
3 cl (1 oz) Biancosarti (ital. Likör aus Kräutern, Gewürzen und Blumen)

ZUBEREITUNG

In einem Jigger nacheinander 3 cl (1 oz) Gin, 3 cl (1 oz) weißen Wermut und 3 cl (1 oz) Biancosarti abmessen und in einen niedrigen, mit Eis gefüllten Tumbler gießen. Einige Sekunden lang mit einem Barlöffel umrühren und mit 1 Zitronen- oder Limettenscheibe garniert servieren.

UNSER TIPP

Dieser aufregende, moderne Aperitif findet vor allem bei weiblichen Gästen Anklang.

WHITE NEGROSKY

(Herstellung: build – im Trinkglas anrichten)

ZUTATEN

3 cl (1 oz) trockener Wodka
3 cl (1 oz) weißer Wermut
3 cl (1 oz) Biancosarti (ital. Likör aus Kräutern, Gewürzen und Blumen)

ZUBEREITUNG

In einem Jigger nacheinander 3 cl (1 oz) trockenen Wodka, 3 cl (1 oz) weißen Wermut und 3 cl (1 oz) Biancosarti abmessen und in einen niedrigen, mit Eis gefüllten Tumbler gießen. Einige Sekunden lang mit einem Barlöffel umrühren und mit 1 Zitronen- oder Limettenscheibe garniert servieren.

UNSER TIPP

Dieser aufregende, moderne Aperitif findet vor allem bei weiblichen Gästen Anklang.

GESCHÄTZTER ALKOHOLGEHALT: 15,8
KALORIENGEHALT: 118

WINE BITTER

(Herstellung: shake & strain – schütteln und abseihen)

ZUTATEN

3 cl (1 oz) Aperol
3 cl (1 oz) Müller-Thurgau
3 cl (1 oz) Pfirsich-Wodka
10 cl (3 ½ oz) Sanbittèr

ZUBEREITUNG

In einem Jigger nacheinander 3 cl (1 oz) Aperol, 3 cl (1 oz) Müller-Thurgau und 3 cl (1 oz) Pfirsich-Wodka abmessen und in einen Shaker geben. Eiswürfel hinzufügen und einige Sekunden lang kräftig schütteln. Durch ein Barsieb, mit dem das Eis im Shaker zurückgehalten wird, in einen hohen, mit Eis gefüllten Tumbler abseihen. 10 cl (3 ½ oz) Sanbittèr hinzufügen, umrühren und mit ½ Ananasscheibe, 2 Cocktailkirschen und 2 langen Trinkhalmen garniert servieren.

UNSER TIPP

Ein fantastischer Aperitif für die heißesten Stunden des Tages.

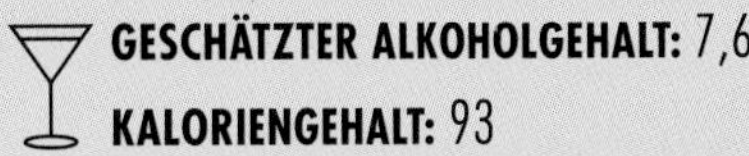

AFTER DINNER COCKTAILS

In diese Kategorie fällt eine Reihe fantastischer Drinks, die in den Vereinigten Staaten und neuerdings auch in Europa zunehmend beliebt sind. Die Drinks zeichnen sich vor allem als Digestifs aus, in einigen Fällen können sie bei Verdauungsbeschwerden sogar eine die Befindlichkeit verbessernde oder schmerzlindernde Wirkung haben.

Die Kunst, Abhilfe für „Magenschmerzen" zu schaffen, ist sehr alt, aber erst in der ersten Hälfte des 19. Jahrhunderts boten kleinere Händler ihrer Kundschaft so etwas wie einen Magenbitter an. Die Barkeeper damals experimentierten frei mit Mischungen von Likören und neutralen Spirituosen, um wirksame verdauungsfördernde oder magenberuhigende Getränke herzustellen – und kodifizierten damit die Vorläufer der modernen After Dinner.

Eine der grundlegenden Methoden zur Herstellung eines verdauungsfördernden Getränks ist zweifellos die Kombination eines neutralen Destillats (Wodka, Rum, Cognac oder Weinbrand) mit einem süßen Likör oder einer Likörcreme (Kaffeelikör, Crème de Menthe, Amaretto Disaronno). Zucker regt nämlich die Produktion von Magensäften an, was dem Wohlbefinden unseres Verdauungssystems ungemein zuträglich ist. Beispiele hierfür sind einige berühmte Cocktails wie der Godmother, der Rusty Nail oder der Black Russian. Eine Variante besteht darin, ein Destillat und einen Zuckersirup mit etwas Zitronen- oder Limettensaft, vorzugsweise frisch gepresst, zu kombinieren. Diese einfache Kombination findet ihre berühmtesten Beispiele in Cocktails wie dem Whisky Sour, dem Daiquiri oder dem Bacardi Cocktail.

After-Dinner-Drinks eignen sich auch hervorragend als Dessert zum Abschluss eines guten Essens, wenn sie aus einer Spirituose, einem oder mehreren süßen Likören und Sahne- oder Zitroneneis bestehen. Eine bewährte Alternative ist die Mischung verschiedener bitterer Verdauungsliköre, wofür der Mojito Veterinario etwa ein gutes Beispiel ist.

Heutzutage spielt der After Dinner eine große Rolle. Oft hat das gesellige Zusammensein schon zur Happy Hour in dieser oder einer anderen Location begonnen und findet nach dem Essen seinen Abschluss, wobei sich dieser auch noch bis in die frühen Morgenstunden hinziehen kann.

AFTER DINNER COCKTAILS

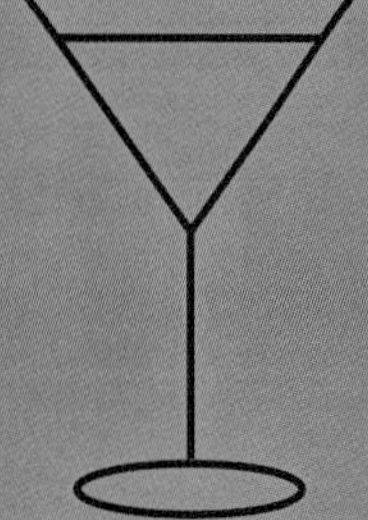

GESCHÄTZTER ALKOHOLGEHALT: 18,6
KALORIENGEHALT: 146

ALBA ALPINA

(Herstellung: shake & strain – schütteln und abseihen)

ZUTATEN

4,5 cl (1 ½ oz) klarer Grappa
3 cl (1 oz) weißer Minzlikör
1,5 cl (½ oz) Zitronen- oder Limettensaft

ZUBEREITUNG

In einem Jigger nacheinander 4,5 cl (1 ½ oz) Grappa, 3 cl (1 oz) Minzlikör und 1,5 cl (½ oz) Zitronen- oder Limettensaft abmessen und in einen Shaker geben. Ein paar Eiswürfel hinzufügen und einige Sekunden lang kräftig schütteln. Durch ein Barsieb, mit dem das Eis im Shaker zurückgehalten wird, in ein im Gefrierfach vorgekühltes Cocktailglas abseihen. Mit 4-5 Nelken garnieren.

UNSER TIPP

Ausgezeichneter Digestif.

ALEXANDER

(Herstellung: shake & strain – schütteln und abseihen)

GESCHÄTZTER ALKOHOLGEHALT: 13,4
KALORIENGEHALT: 285

ZUTATEN

3 cl (1 oz) Cognac oder Brandy
3 cl (1 oz) weiße Crème de Cacao
3 cl (1 oz) Sahne
Muskatnuss

ZUBEREITUNG

Nacheinander 3 cl (1 oz) Brandy oder Cognac, 3 cl (1 oz) Crème de Cacao und 3 cl (1 oz) Sahne in einem Jigger abmessen und in einen Shaker geben. Eiswürfel hinzufügen und einige Sekunden lang kräftig schütteln. Durch ein Barsieb in ein im Gefrierfach vorgekühltes Cocktailglas abseihen – die Eiswürfel bleiben dabei im Shaker zurück. Mit Muskatnuss leicht bestäuben.

UNSER TIPP

Ein exquisites Getränk für den Abend.

GESCHÄTZTER ALKOHOLGEHALT: 22,6
KALORIENGEHALT: 158

APOTHEKE

(Herstellung: stir & strain – rühren und abseihen)

ZUTATEN

3 cl (1 oz) Cognac oder Brandy
3 cl (1 oz) Fernet Branca
3 cl (1 oz) grüne Crème de Menthe

ZUBEREITUNG

In einem Jigger nacheinander 3 cl (1 oz) Cognac oder Brandy, 3 cl (1 oz) Fernet Branca und 3 cl (1 oz) Crème de Menthe abmessen und in einen Shaker geben. Mehrere Eiswürfel hinzufügen und einige Sekunden lang kräftig schütteln. Durch ein Barsieb in ein im Gefrierfach vorgekühltes Cocktailglas abseihen – die Eiswürfel bleiben dabei im Shaker zurück – und servieren.

UNSER TIPP

Ausgezeichneter Digestif, besonders für den Abend zu empfehlen.

B-52

(Herstellung: build – im Trinkglas anrichten)

GESCHÄTZTER ALKOHOLGEHALT: 11,4
KALORIENGEHALT: 135

ZUTATEN

2,5 cl (¾ oz) Kaffeelikör
2,5 cl (¾ oz) Baileys
2,5 cl (¾ oz) Cointreau oder Grand Marnier

ZUBEREITUNG

In einem Jigger nacheinander 2,5 cl (¾ oz) Kaffeelikör, 2,5 cl (¾ oz) Baileys sowie 2,5 cl (¾ oz) Cointreau oder Grand Marnier abmessen und in ein niedriges Schnapsglas (Shotglas) geben. Die Zutaten dabei jeweils behutsam nach und nach über den Rücken eines Barlöffels in das Glas gleiten lassen, damit sie sich nicht vermischen, sondern deutlich getrennte Schichten bilden.

UNSER TIPP

Eignet sich hervorragend als Digestif nach einem herzhaften Abendessen.

GESCHÄTZTER ALKOHOLGEHALT: 14,6
KALORIENGEHALT: 128

BACARDI-COCKTAIL

(Herstellung: shake & strain – schütteln und abseihen)

DIABOLISCHE VERSUCHUNG

In einer Szene dieses Thrillers von 1998 sehen wir den Protagonisten Lawson Russell (Cuba Gooding Jr.) in einer Bar in New Orleans einen Bacardi-Cocktail bestellen. Dem krisengeplagten jungen Anwalt fällt ein geheimnisvolles Manuskript in die Hände, in dem eine Reihe von Morden beschrieben wird, die immer noch nicht aufgeklärt sind. Doch dann verdichten sich Hinweise, die Russell selbst zum Hauptverdächtigen machen.

ZUTATEN

4,5 cl (1 ½ oz) Bacardi Pale Rum
3 cl (1 oz) Zitronen- oder Limettensaft
1,5 cl (½ oz) Grenadine-Sirup

ZUBEREITUNG

In einem Jigger nacheinander 4,5 cl (1 ½ oz) Bacardi Pale Rum, 3 cl (1 oz) Zitronen- oder Limettensaft und 1,5 cl (½ oz) Grenadine abmessen und in einen Shaker geben. Eiswürfel hinzufügen, einige Sekunden lang schütteln und den Drink über ein Barsieb in ein im Gefrierfach vorgekühltes Cocktailglas abseihen – das Eis bleibt dabei im Shaker zurück. Fertig zum Servieren.

UNSER TIPP

Ein köstlicher Digestif, den man zu jeder Tageszeit genießen kann.

BANANA BLISS

GESCHÄTZTER ALKOHOLGEHALT: 21,8
KALORIENGEHALT: 61

(Herstellung: build – im Trinkglas anrichten)

ZUTATEN

4,5 cl (1 ½ oz) Cognac oder Brandy
4,5 cl (1 ½ oz) Crème de Banane

ZUBEREITUNG

Nacheinander 4,5 cl (1 ½ oz) Cognac oder Brandy und 4,5 cl (1 ½ oz) Crème de Banane in einem Jigger abmessen und in einen niedrigen, mit Eis gefüllten Tumbler gießen. Mit einem Barlöffel umrühren und servieren.

UNSER TIPP

Wohlschmeckender Digestif.

GESCHÄTZTER ALKOHOLGEHALT: 26,2
KALORIENGEHALT: 196

BETWEEN THE SHEETS

(Herstellung: stir & strain – rühren und abseihen)

ZUTATEN

3 cl (1 oz) Brandy oder Cognac
3 cl (1 oz) weißer Rum
3 cl (1 oz) Cointreau oder Triple Sec
1,5 cl (½ oz) Zitronen- oder Limettensaft

ZUBEREITUNG

In einem Jigger nacheinander 3 cl (1 oz) Brandy oder Cognac, 3 cl (1 oz) weißen Rum, 3 cl (1 oz) Cointreau oder Triple Sec und 1,5 cl (½ oz) Zitronen- oder Limettensaft abmessen und in einen Shaker gießen. Mit mehreren Eiswürfeln einige Sekunden lang kräftig schütteln. Durch ein Barsieb in ein im Gefrierfach vorgekühltes Cocktailglas abseihen – die Eiswürfel bleiben dabei im Shaker zurück – und servieren.

UNSER TIPP

Ein perfektes Getränk für nachmittags und abends, vor allem bei etwas „pikanten" Anlässen.

BG 1938

von Demis Vescovi

(Herstellung: build – im Trinkglas anrichten)

ZUTATEN

2,5 cl (¾ oz) Bordeaux-Rotwein (z. B. Valcalepio Rosso doc)
4,5 cl (1 ½ oz) Bourbon-Whiskey
1 cl (¼ oz) frisch gepresster Limettensaft
7 g (ca. 1 Teelöffel) Puderzucker
7 g (ca.) frische Minze

ZUBEREITUNG

1 cl (¼ oz) frischen Limettensaft in einem Jigger abmessen und in einen niedrigen Tumbler gießen. Etwa 7 g Puderzucker und 4,5 cl (1 ½ oz) Bourbon Whiskey dazugeben. Mit einem Barlöffel verrühren, bis der Puderzucker aufgelöst ist, dann ca. 7 g Minze mit den Fingern zerdrehen, um ihr Aroma freizugeben, und hinzufügen. Reichlich Eisspäne (oder zerstoßenes Eis) hinzufügen und erneut mit dem Barlöffel umrühren. Mit 2,5 cl (¾ oz) Rotwein auffüllen und mit Minzsprossen, Puderzucker und Trinkhalmen garnieren.

UNSER TIPP

Ausgezeichneter Aperitif.

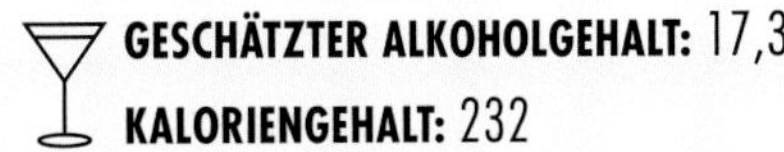

GESCHÄTZTER ALKOHOLGEHALT: 17,3
KALORIENGEHALT: 232

GESCHÄTZTER ALKOHOLGEHALT: 10,8
KALORIENGEHALT: 218

BLACK EGG

(Herstellung: shake & strain – schütteln und abseihen)

ZUTATEN

3 cl (1 oz) Tequila
2,5 cl (¾ oz) Kaffeelikör
1 Eigelb, ca. 2,5 cl (¾ oz)
2,5 cl (¾ oz) Sahne

ZUBEREITUNG

In einem Jigger nacheinander 3 cl (1 oz) Tequila, 2,5 cl (¾ oz) Kaffeelikör und 2,5 cl (¾ oz) Sahne abmessen und in einen Shaker geben. Ca. 2,5 cl (¾ oz) Eigelb in dem Jigger abmessen und hinzufügen. Die Mischung mit mehreren Eiswürfeln einige Sekunden lang schütteln. Durch ein Barsieb in ein im Gefrierfach vorgekühltes Cocktailglas abseihen – die Eiswürfel bleiben dabei im Shaker zurück. Mit Kaffeebohnen garnieren.

UNSER TIPP

Ausgezeichneter Energydrink, zu empfehlen nach einem besonders anstrengenden Tag.

BLACK FLY

(Herstellung: shake & strain – schütteln und abseihen)

GESCHÄTZTER ALKOHOLGEHALT: 21,8
KALORIENGEHALT: 214

ZUTATEN

4,5 cl (1 ½ oz) Brandy oder Cognac
2,5 cl (¾ oz) Kaffeelikör
3 cl (1 oz) Aprikosenlikör

ZUBEREITUNG

In einem Jigger nacheinander 4,5 cl (1 ½ oz) Brandy oder Cognac, 2,5 cl (¾ oz) Kaffeelikör und 3 cl (1 oz) Aprikosenlikör abmessen und in einen Shaker geben. Mehrere Eiswürfel hinzufügen und einige Sekunden lang schütteln. Die Mischung durch ein Barsieb in ein im Gefrierfach vorgekühltes Cocktailglas abseihen – die Eiswürfel bleiben dabei im Shaker zurück – und servieren.

UNSER TIPP

Hervorragendes Getränk, passend sowohl als Digestiv als auch tagsüber zu jeder Gelegenheit.

GESCHÄTZTER ALKOHOLGEHALT: 23,6

KALORIENGEHALT: 150

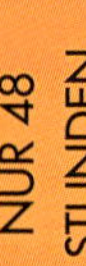

NUR 48 STUNDEN

Dieser äußerst erfolgreiche Actionfilm aus dem Jahr 1982 machte den damaligen Saturday-Night-Live-Komiker Eddie Murphy einem breiten Publikum bekannt. In einer Sequenz kommt der Cocktail Black Russian *vor, was ihn bei jugendlichen Clubbesuchern weltweit schnell zu einem der beliebtesten Drinks werden ließ.*

BLACK RUSSIAN

(Herstellung: build – im Trinkglas anrichten)

ZUTATEN

6 cl (2 oz) trockener Wodka
4 cl (1 ¼ oz) Kaffeelikör

ZUBEREITUNG

6 cl (2 oz) trockenen Wodka in einem Jigger abmessen und in einen niedrigen, mit Eis gefüllten Tumbler gießen. 4 cl (1 ¼ oz) Kaffeelikör dazugeben und die Mischung mit einem Barlöffel verrühren. Mit 2 kurzen Trinkhalmen garniert ist der Drink servierfertig.

UNSER TIPP

Getränk eignet sich hervorragend als Digestif.

BLACK WINE

(Herstellung: build – im Trinkglas anrichten)

ZUTATEN

4,5 cl (1 ½ oz) Muskatwein
4,5 cl (1 ½ oz) Kaffeelikör

ZUBEREITUNG

In einem Jigger nacheinander 4,5 cl (1 ½ oz) Muskatwein und 4,5 cl (1 ½ oz) Kaffeelikör abmessen und in einen niedrigen, mit Eis gefüllten Tumbler gießen. Mit einem Barlöffel umrühren und mit 2 kurzen Trinkhalmen und einigen Kaffeebohnen garniert servieren.

UNSER TIPP

Ausgezeichnet als Digestif nach dem Mittag- oder Abendessen.

GESCHÄTZTER ALKOHOLGEHALT: 14,2
KALORIENGEHALT: 166

GESCHÄTZTER ALKOHOLGEHALT: 19,2
KALORIENGEHALT: 143

BLUE ANGEL

(Herstellung: shake & strain – schütteln und abseihen)

ZUTATEN

3 cl (1 oz) Gin
2,5 cl (3⁄4 oz) Cointreau oder Triple Sec
2,5 cl (3⁄4 oz) Blue Curaçao
1,5 cl (1⁄2 oz) Zitronen- oder Limettensaft

ZUBEREITUNG

In einem Jigger nacheinander 3 cl (1 oz) Gin, 2,5 cl (3⁄4 oz) Cointreau oder Triple Sec, 2,5 cl (3⁄4 oz) Blue Curaçao und 1,5 cl (1⁄2 oz) Zitronen- oder Limettensaft abmessen und in einen Shaker geben. Einige Eiswürfel hinzufügen und mehrmals kräftig schütteln. Durch ein Barsieb, mit dem das Eis im Shaker zurückgehalten wird, in ein im Gefrierfach vorgekühltes Cocktailglas abseihen.

UNSER TIPP

Köstlicher Digestif, empfehlenswert auch für den Nachmittag und Abend.

BLUE WINE

GESCHÄTZTER ALKOHOLGEHALT: 7,7
KALORIENGEHALT: 112

(Herstellung: shake & strain – schütteln und abseihen)

ZUTATEN

3 cl (1 oz) weißer Portwein
2,5 cl (¾ oz) Cointreau oder Triple Sec
1,5 cl (½ oz) Blue Curaçao
1,5 cl (½ oz) Zitronen- oder Limettensaft

ZUBEREITUNG

In einem Jigger nacheinander 3 cl (1 oz) weißen Portwein, 2,5 cl (¾ oz) Cointreau oder Triple Sec, 1,5 cl (½ oz) Blue Curaçao und 1,5 cl (½ oz) Zitronen- oder Limettensaft abmessen und in einen Shaker geben. Eiswürfel hinzufügen und einige Sekunden lang kräftig schütteln. Durch ein Barsieb, mit dem das Eis im Shaker zurückgehalten wird, in ein im Gefrierfach vorgekühltes Cocktailglas abseihen. Zur Garnierung weiße Trauben und Zitronenzesten auf einen Partyspieß stecken und servieren.

UNSER TIPP

Hervorragend als Digestif, der auch zu jeder anderen Zeit des Tages erfreut.

BRACCO

(Herstellung: build – im Trinkglas anrichten)

ZUTATEN

6 cl (2 oz) Brachetto (süßer Rotwein)
9 cl (3 oz) Aperol

ZUBEREITUNG

In einem Jigger nacheinander 6 cl (2 oz) Brachetto und 9 cl (3 oz) Aperol abmessen und in einen hohen, mit Eis gefüllten Tumbler gießen. Mit einem Barlöffel vorsichtig umrühren und mit einigen Erdbeeren und 2 langen Trinkhalmen garniert servieren.

UNSER TIPP

Delikater, besonders bei Frauen beliebter Aperitif.

CAIPI SWEET VERMOUTH

(Herstellung: mit einem muddler – Stößel)

ZUTATEN

½ Limette
20 g (ca.) weißer Zucker oder Rohrzucker
6 cl (2 oz) weißer Wermut

ZUBEREITUNG

Eine in Würfel geschnittene halbe Limette und ca. 20 g Zucker in einen niedrigen Tumbler geben und mit einem Stößel zu einer Paste zerstoßen. Mit Crushed Ice oder Eiswürfeln auffüllen. 6 cl (2 oz) Wermut in einem Jigger abmessen und hinzufügen. Einige Sekunden lang mit einem Barlöffel umrühren, bis sich die Zutaten gut vermischt haben. Mit 2 kurzen Trinkhalmen servieren.

UNSER TIPP

Ein leichter Aperitif und Drink, der auch zu jeder anderen Zeit des Tages erfreut.

GESCHÄTZTER ALKOHOLGEHALT: 10,3
KALORIENGEHALT: 112

GESCHÄTZTER ALKOHOLGEHALT: 16,6
KALORIENGEHALT: 214

CAIPIGRAPPA (CAIPI MIT GRAPPA)

(Herstellung: mit einem muddler – Stößel)

ZUTATEN

6 cl (2 oz) klarer Grappa
½ Limette
20 g (ca.) weißer Zucker oder Rohrzucker

ZUBEREITUNG

Eine in Würfel geschnittene halbe Limette und etwa 20 g Zucker in einen niedrigen Tumbler geben und mit einem Stößel zu einer Paste zerstoßen. Das Glas mit Crushed Ice füllen. 6 cl (2 oz) klaren Grappa in einem Jigger abmessen und hinzufügen. Das Ganze einige Sekunden lang mit einem Barlöffel kräftig umrühren und mit 2 kurzen Trinkhalmen garniert servieren.

UNSER TIPP

Ausgezeichneter Digestif, der auch als abendlicher Drink gut ankommt.

CAIPIRITA

(Herstellung: mit einem muddler – Stößel)

GESCHÄTZTER ALKOHOLGEHALT: 16,6
KALORIENGEHALT: 208

ZUTATEN

6 cl (2 oz) Tequila Blanco
20 g (ca.) weißer Zucker oder Rohrzucker
½ Limette

ZUBEREITUNG

Eine in Würfel geschnittene halbe Limette und ca. 20 g Zucker in einen niedrigen Tumbler geben. Mit einem Stößel zu einer Paste zerstoßen. 6 cl (2 oz) Tequila Blanco in einem Jigger abmessen und dazugeben. Bis knapp unter den Rand mit Crushed Ice auffüllen. Einige Sekunden lang mit einem Barlöffel kräftig umrühren und mit 2 kurzen Trinkhalmen garniert servieren.

UNSER TIPP

Ein ausgezeichnet erfrischendes Getränk, das gut zur mexikanischen Küche passt.

GESCHÄTZTER ALKOHOLGEHALT: 18,6
KALORIENGEHALT: 222

CAIPIRITA ANEJO

(Herstellung: mit einem muddler – Stößel)

ZUTATEN

6 cl (2 oz) Tequila Anejo
20 g (ca.) weißer Zucker oder Rohrzucker
frische Limette oder Orange

ZUBEREITUNG

Eine in Würfel geschnittene ½ Limette oder ¼ Orange und etwa 20 g Zucker in einen niedrigen Tumbler geben und mit einem Stößel zu einer Paste zerstoßen. In einem Jigger 6 cl (2 oz) Tequila Anejo abmessen und dazugeben. Bis knapp unter den Rand des Glases mit Crushed Ice auffüllen. Die Zutaten einige Sekunden lang kräftig mit einem Barlöffel verrühren und mit 2 kurzen Trinkhalmen garniert servieren.

UNSER TIPP

Ein Drink, der abends jederzeit gern getrunken wird.

CARUSO

(Herstellung: shake & strain – schütteln und abseihen)

GESCHÄTZTER ALKOHOLGEHALT: 17,2
KALORIENGEHALT: 139

ZUTATEN

3 cl (1 oz) Gin
3 cl (1 oz) trockener Wermut
3 cl (1 oz) grüne Crème de Menthe

ZUBEREITUNG

In einem Jigger nacheinander 3 cl (1 oz) Gin, 3 cl (1 oz) trockenen Wermut und 3 cl (1 oz) Crème de Menthe abmessen und in einen Shaker geben. Ein paar Eiswürfel hinzufügen und einige Sekunden lang kräftig schütteln. Durch ein Barsieb, mit dem das Eis im Shaker zurückgehalten wird, in ein im Gefrierfach vorgekühltes Cocktailglas abseihen.

UNSER TIPP

Unschlagbar als After-Dinner-Drink.

GESCHÄTZTER ALKOHOLGEHALT: 11,3
KALORIENGEHALT: 124

CASANOVA

(Herstellung: mit einem muddler – Stößel)

ZUTATEN

½ Limette
20 g (ca.) weißer Zucker oder Rohrzucker
6 cl (2 oz) trockener Wermut
3-4 Erdbeeren

ZUBEREITUNG

Eine in Würfel geschnittene halbe Limette, etwa 20 g Zucker und 3-4 Erdbeeren in einen niedrigen Tumbler geben und mit einem Stößel zu einer Paste zerstoßen. Mit Crushed Ice oder Eiswürfeln auffüllen. 6 cl (2 oz) trockenen Wermut in einem Jigger abmessen und dazugeben. Einige Sekunden lang mit einem Barlöffel umrühren, um die Zutaten gut zu vermischen. Mit 2 kurzen Trinkhalmen und 1 Erdbeere garniert servieren.

UNSER TIPP

Ein leichter Aperitif und Drink, der auch zu jeder anderen Zeit des Tages erfreut.

DAIQUIRI

(Herstellung: shake & strain – schütteln und abseihen)

GESCHÄTZTER ALKOHOLGEHALT: 14,7
KALORIENGEHALT: 116

KÖNIGIN DER WÜST

Eine der Hauptpersonen dieses kleinen Meisterwerks eines integrativen Films, der 1994 in Australien entstand, ist Bernadette (Terence Stamp). Während einer Läuterungsreise, die dicht mit Musik, Choreografie und unerwarteten Begegnungen an Bord der Priscilla durchsetzt ist, bestellt Bernadette in einer Bar einen Lime Daiquiri, *einen Cocktail, der bis dahin ausschließlich mit Zitrone zubereitet wurde.*

ZUTATEN

4,5 cl (1 ½ oz) weißer oder goldener Rum
3 cl (1 oz) Zitronen- oder Limettensaft
1,5 cl (½ oz) Zuckersirup

ZUBEREITUNG

In einem Jigger nacheinander 4,5 cl (1 ½ oz) weißen oder goldenen Rum, 3 cl (1 oz) Zitronen- oder Limettensaft und 1,5 cl (½ oz) Zuckersirup abmessen und in einen Shaker geben. Eiswürfel hinzufügen und einige Sekunden lang kräftig schütteln. Durch ein Barsieb in ein im Gefrierfach vorgekühltes Cocktailglas abseihen – die Eiswürfel bleiben dabei im Shaker zurück – und servieren.

UNSER TIPP

Ein hervorragend erfrischender Drink.

GESCHÄTZTER ALKOHOLGEHALT: 21,8
KALORIENGEHALT: 185

DAY DREAM

(Herstellung: shake & strain – schütteln und abseihen)

ZUTATEN

4,5 cl (1 ½ oz) amerikanischer Whiskey
2,5 cl (¾ oz) grüne Crème de Menthe
2,5 cl (¾ oz) italienischer Bitter (wir empfehlen Rhabarber-Kürbis-Bitter Rabarbaro-Zucca)

ZUBEREITUNG

Nacheinander 4,5 cl (1 ½ oz) amerikanischen Whiskey, 2,5 cl (¾ oz) Crème de Menthe und 2,5 cl (¾ oz) Rhabarber-Kürbis-Bitter in einem Jigger abmessen und in einen Shaker geben. Mehrere Eiswürfel hinzugeben und den Shaker einige Sekunden lang kräftig schütteln. Durch ein Barsieb, das die im Shaker befindlichen Eiswürfel zurückhält, in einen niedrigen, mit Eis gefüllten Tumbler abseihen.

UNSER TIPP

Ein Drink, der als Digestif überrascht und sich auch als Abendgetränk hervorragend macht.

FRENCH CONNECTION

(Herstellung: build – im Trinkglas anrichten)

GESCHÄTZTER ALKOHOLGEHALT: 25,6
KALORIENGEHALT: 164

ZUTATEN

4,5 cl (1 ½ oz) Cognac oder Brandy
4,5 cl (1 ½ oz) Amaretto Disaronno

ZUBEREITUNG

Nacheinander 4,5 cl (1 ½ oz) Cognac oder Brandy und 4,5 cl (1 ½ oz) Amaretto Disaronno in einem Jigger abmessen und in einen niedrigen, mit Eis gefüllten Tumbler gießen. Mit einem Barlöffel umrühren und servieren.

UNSER TIPP

Ausgezeichneter Digestif, auch als Abendgetränk jederzeit ein Genuss.

GESCHÄTZTER ALKOHOLGEHALT: 23,6
KALORIENGEHALT: 182

GODFATHER

(Herstellung: build – im Trinkglas anrichten)

DER PATE

Mehr als irgendein anderer zeigt dieser Cocktail den Einfluss des Films auf populäre Gebräuche, Mixgetränke nicht ausgenommen. Der Godfather-Drink *wurde 1972 in den Vereinigten Staaten anlässlich der Veröffentlichung des Films kreiert, um vor allem Marlon Brandos denkwürdige Darstellung von Don Vito Corleone zu würdigen.*

ZUTATEN

4,5 cl (1 ½ oz) Blended Scotch Whisky
4,5 cl (1 ½ oz) Amaretto Disaronno

ZUBEREITUNG

Nacheinander 4,5 cl (1 ½ oz) Blended Scotch Whisky und 4,5 cl (1 ½ oz) Amaretto Disaronno in einem Jigger abmessen und in einen niedrigen, mit Eis gefüllten Tumbler geben. Mit einem Barlöffel umrühren und servieren.

UNSER TIPP

Der perfekte After-Dinner-Cocktail.

GODMOTHER

(Herstellung: build – im Trinkglas anrichten)

GESCHÄTZTER ALKOHOLGEHALT: 23,4
KALORIENGEHALT: 189

ZUTATEN

4,5 cl (1 ½ oz) trockener Wodka
4,5 cl (1 ½ oz) Amaretto Disaronno

ZUBEREITUNG

4,5 cl (1 ½ oz) trockenen Wodka in einem Jigger abmessen und in einen niedrigen, mit Eis gefüllten Tumbler gießen. 4,5 cl (1 ½ oz) Amaretto Disaronno hinzugeben, mit einem Barlöffel umrühren und servieren.

UNSER TIPP

Ausgezeichneter Digestif, empfehlenswert besonders für den Abend.

GRIGIO-VERDE (GRAPEMINT)

(Herstellung: build – im Trinkglas anrichten)

ZUTATEN

6 cl (2 oz) klarer Grappa
4 cl (1 ¼ oz) grüner Minzlikör

ZUBEREITUNG

In einem Jigger nacheinander 6 cl (2 oz) klaren Grappa und 4 cl (1 ¼ oz) Minzlikör abmessen und in einen niedrigen, mit Eis gefüllten Tumbler gießen. Mit einem Barlöffel umrühren und mit 1 frischem Minzzweig und 2 kurzen Trinkhalmen garniert servieren.

UNSER TIPP

Ein exzellenter Digestif, der auch abends erfreut.

GESCHÄTZTER ALKOHOLGEHALT: 21,6
KALORIENGEHALT: 168

IL SENSO DI ELISA PER IL MESSICO

von Silvia Duzioni

(Herstellung: stir & strain – rühren und abseihen)

ZUTATEN

4,5 cl (1 ½ oz) klarer Tequila
3 cl (1 oz) Cointreau oder Triple Sec
1,5 cl (½ oz) Amaretto-Sirup
5-6 Minzblätter
Orangenschale

ZUBEREITUNG

Die Minzblätter in ein Rührglas geben und leicht andrücken. Nacheinander 4,5 cl (1 ½ oz) klaren Tequila, 3 cl (1 oz) Cointreau oder Triple Sec und 1,5 cl (½ oz) Amaretto-Sirup in einem Jigger abmessen und dazugeben. Einige Sekunden lang mit einem Barlöffel umrühren und ein paar Eiswürfel hinzufügen. Noch einmal, diesmal etwas länger, umrühren. Die Mischung durch ein doppeltes Barsieb (*double strainer*), mit dem das Eis im Shaker zurückgehalten wird, in ein im Gefrierfach vorgekühltes Cocktailglas abseihen. Eine Orangenschale leicht über dem Glas zerdrehen, um ihre ätherischen Öle freizusetzen und auf den Drink zu sprühen. Anschließend servieren.

UNSER TIPP

Großartiges Abendgetränk. Perfekt als After-Dinner.

GESCHÄTZTER ALKOHOLGEHALT: 24,2
KALORIENGEHALT: 177

GESCHÄTZTER ALKOHOLGEHALT: 22,4
KALORIENGEHALT: 172

LEMON DROP MARTINI

(Herstellung: shake & strain – schütteln und abseihen)

ZUTATEN

3 cl (1 oz) Zitronenwodka
2,5 cl (¾ oz) Cointreau oder Triple Sec
1,5 cl (½ oz) Zitronen- oder Limettensaft

ZUBEREITUNG

In einem Jigger nacheinander 3 cl (1 oz) Zitronenwodka, 2,5 cl (¾ oz) Cointreau oder Triple Sec und 1,5 cl (½ oz) Zitronen- oder Limettensaft abmessen und in einen Shaker geben. Ein paar Eiswürfel hinzufügen und einige Sekunden lang kräftig schütteln. Durch ein Barsieb, mit dem das Eis im Shaker zurückgehalten wird, in ein im Gefrierfach vorgekühltes Cocktailglas abseihen und mit einem Chupa-Chups-Zitronenlutscher garnieren.

UNSER TIPP

Ausgezeichneter Digestif und auch ein perfektes Abendgetränk.

MEDITERRANEAN GIMLET

von Francesco Drago

(Herstellung: shake & strain – schütteln und abseihen)

ZUTATEN

6 cl (2 oz) Gin
3 cl (1 oz) frischer Zitronensaft
1,5 cl (½ oz) Ingwersirup
2 Spritzer (dash) Liquore delle Sirene (mediterraner Bitter)
2-3 Blätter frisches Basilikum
Rosmarin

ZUBEREITUNG

In einem Jigger nacheinander 6 cl (2 oz) Gin, 3 cl (1 oz) Zitronensaft und 1,5 cl (½ oz) Ingwersirup abmessen und in einen Shaker geben. 2 Spritzer (dash) Bitter, das Basilikum und etwas Rosmarin hinzufügen und mit einem Barlöffel umrühren, um die Aromen freizusetzen. Zum Schluss Eiswürfel hinzufügen und einige Sekunden lang kräftig schütteln. Durch ein doppeltes Barsieb (double strainer), mit dem das Eis und die Gewürze im Shaker zurückgehalten werden, in einen niedrigen, mit Eis gefüllten Tumbler abseihen. Mit einem Rosmarinzweig, Basilikumblättern und einer Zitronenzeste garniert servieren.

UNSER TIPP

Ein großartiger Drink, tagsüber wie abends ein Genuss.

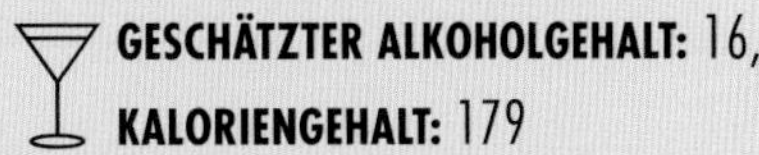

GESCHÄTZTER ALKOHOLGEHALT: 16,7
KALORIENGEHALT: 179

MEDITERRANEO

(Herstellung: mit einem muddler – Stößel)

ZUTATEN

6 cl (2 oz) trockener Marsala
20 g (ca.) weißer Zucker oder Rohrzucker
3 g (ca.) frische Minze
3 g (ca.) frisches Basilikum
6 cl (2 oz) Soda oder Sprudelwasser
½ Limette

ZUBEREITUNG

Eine in Würfel geschnittene halbe Limette und ca. 20 g Zucker in einen hohen Tumbler geben und mithilfe eines Stößels zu einer Paste zerdrücken. Ca. 3 g Minze und ca. 3 g Basilikum hinzufügen und leicht andrücken. Das Glas mit Eiswürfeln oder Crushed Ice füllen. 6 cl (2 oz) trockenen Marsala in einem Jigger abmessen und hinzufügen. Das Glas bis knapp unter den Rand mit 6 cl (2 oz) Soda oder Sprudelwasser auffüllen. Einige Sekunden lang mit einem Barlöffel umrühren. Mit 1 Zweig frischer Minze, 1 Zweig Basilikum und 2 langen Trinkhalmen garniert servieren.

UNSER TIPP

Auch ein fantastischer Aperitif.

GESCHÄTZTER ALKOHOLGEHALT: 6,4
KALORIENGEHALT: 178

MEZCALIBUR

(Herstellung: shake & strain – schütteln und abseihen)

ZUTATEN

4,5 cl (1 ½ oz) Mezcal
2,5 cl (¾ oz) grüner Minzlikör
1,5 cl (½ oz) Maraschino Kirschlikör
9 cl (3 oz) Ananassaft

ZUBEREITUNG

In einem Jigger nacheinander 4,5 cl (1 ½ oz) Mezcal, 2,5 cl (¾ oz) Minzlikör, 1,5 cl (½ oz) Maraschino und 9 cl (3 oz) Ananassaft abmessen und in einen Shaker gießen. Mehrere Eiswürfel hinzufügen und einige Sekunden lang kräftig schütteln. Durch ein Barsieb, das die im Shaker befindlichen Eiswürfel zurückhält, in einen hohen, mit Eis gefüllten Tumbler abseihen. Den Drink mit ½ Ananasscheibe, ½ Orangenscheibe, 1 schönen Zweig frischer Minze und 2 langen Trinkhalmen garnieren und schon kann der Drink serviert werden.

UNSER TIPP

Ein Longdrink, mit dem sich sommerliche Hitze gut aushalten lässt.

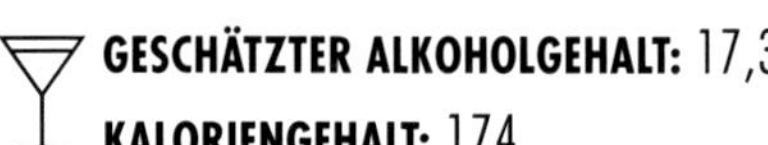

GESCHÄTZTER ALKOHOLGEHALT: 17,3
KALORIENGEHALT: 174

MODÌ

von Filippo Fratton

(Herstellung: build – im Trinkglas anrichten)

ZUTATEN

3,75 cl (1 ¼ oz) Amaretto Disaronno
2,5 cl (¾ oz) Moscato d'Asti docg (moussierender Dessertwein)
9 cl (3 oz) Orangensaft (kein roter)
1,5 cl (½ oz) Grenadine-Sirup

ZUBEREITUNG

In einem Jigger nacheinander 3,75 cl (1 ¼ oz) Amaretto Disaronno, 2,5 cl (¾ oz) Moscato d'Asti docg und 9 cl (3 oz) gelben Orangensaft abmessen und in einen hohen, mit Eis gefüllten Tumbler gießen. Die Mischung behutsam mit einem Barlöffel umrühren und 1,5 cl (½ oz) Grenadine hinzufügen. Mit ½ Orangenspalte und Cocktailkirschen garnieren.

UNSER TIPP

Perfekt für jeden Moment des Tages.

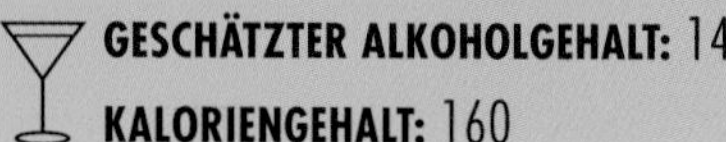

GESCHÄTZTER ALKOHOLGEHALT: 14
KALORIENGEHALT: 160

MOJITO DIGESTIF

(Herstellung: mit einem muddler – Stößel)

ZUTATEN

2,5 cl (¾ oz) klarer Grappa
2,5 cl (¾ oz) Amaro Braulio (Kräuterlikör)
2,5 cl (¾ oz) Amaro Ramazzotti (oder ein anderer italienischer Magenbitter)
½ Limette
7 g (ca.) frische Minze
20 g (ca.) weißer Zucker oder Rohrzucker
6 cl (2 oz) Soda oder Sprudelwasser

ZUBEREITUNG

Eine in Würfel geschnittene halbe Limette und etwa 20 g Zucker in einen hohen Tumbler geben und mit einem Stößel zu einer Paste zerstoßen. Ca. 7 g frische Minze hinzufügen und leicht andrücken. Das Glas mit Crushed Ice oder Eiswürfeln füllen. In einem Jigger nacheinander 2,5 cl (¾ oz) Amaro Braulio, 2,5 cl (¾ oz) klaren Grappa und 2,5 cl (¾ oz) Amaro Ramazzotti abmessen und hinzufügen. Mit 6 cl (2 oz) Soda oder Sprudelwasser auffüllen und mit einem Barlöffel umrühren, bis alle Zutaten gut vermischt sind. Mit einem schönen Minzzweig und 2 langen Trinkhalmen garniert servieren.

UNSER TIPP

Ein exzellenter Digestif.

GESCHÄTZTER ALKOHOLGEHALT: 12,7

KALORIENGEHALT: 184

GESCHÄTZTER ALKOHOLGEHALT: 9,8
KALORIENGEHALT: 195

MOJITO VETERINARIO

(Herstellung: mit einem muddler – Stößel)

ZUTATEN

6 cl (2 oz) Amaro Montenegro
½ Limette
7 g (ca.) frische Minze
20 g (ca.) weißer Zucker oder Rohrzucker
6 cl (2 oz) Soda oder Sprudelwasser

ZUBEREITUNG

Eine in Würfel geschnittene halbe Limette und etwa 20 g Zucker in einen hohen Tumbler geben und mit einem Stößel zu einer Paste zerstoßen. Die frischen Minzblätter hinzufügen und leicht andrücken. Mit Crushed Ice oder Eiswürfeln auffüllen. 6 cl (2 oz) Amaro Montenegro in einem Jigger abmessen und hinzufügen. Mit 6 cl (2 oz) Soda oder Sprudelwasser bis knapp unter den Rand des Glases auffüllen und mit einem Barlöffel umrühren, bis die Zutaten gut vermischt sind. Mit 1 Zweig frischer Minze und 2 langen Trinkhalmen garniert servieren.

UNSER TIPP

Hervorragender Digestif, aber wird auch gern den Abend über genossen.

OLD FASHIONED

(Herstellung: build – im Trinkglas anrichten)

GESCHÄTZTER ALKOHOLGEHALT: 17,2
KALORIENGEHALT: 180

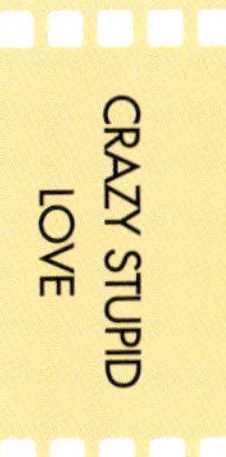

Einer der Hauptdarsteller dieser bittersüßen Komödie aus dem Jahr 2011 ist Ryan Gosling. Er spielt Jacob Palmer, einen gutaussehenden Latin Lover, der sich vorgenommen hat, Cal Weaver (Steve Carell) seine beachtlichen Verführungskünste beizubringen. Old Fashioned *gehört zu seinen erfolgreichen Werkzeugen, allerdings laufen die Dinge am Ende nicht wie geplant. Das bringt sowohl ihn als auch Cal dazu, sich und ihre Art, sich dem anderen Geschlecht zu nähern, zu hinterfragen.*

ZUTATEN

6 cl (2 oz) amerikanischer Whiskey
2-3 Spritzer (*dash*) Angostura Bitter
3 cl (1 oz) stilles Mineralwasser
1 Stück weißer Würfelzucker

ZUBEREITUNG

1 Stück weißen Zuckerwürfel in einen niedrigen Tumbler geben und mit 2-3 Spritzern Angostura beträufeln. 3 cl (1 oz) stilles Mineralwasser und 6 cl (2 oz) Whiskey nacheinander in einem Jigger abmessen, dazugeben. Mit Eis auffüllen. Mit einem Barlöffel behutsam umrühren und mit 1 Cocktailkirsche, ½ Orangenscheibe und 2 kurzen Trinkhalmen garniert servieren.

UNSER TIPP

Hervorragend als Aperitif oder für den Abend.

GESCHÄTZTER ALKOHOLGEHALT: 14,8
KALORIENGEHALT: 174

PINK COCKTAIL CHAMPAGNE

(Herstellung: build – im Trinkglas anrichten)

ZUTATEN

1,5 cl (½ oz) Brandy oder Cognac
9 cl (3 oz) Champagner Rosé oder Sekt Rosé brut
1 Stück Würfelzucker
1,5 cl (½ oz) Grand Marnier
2-3 Spritzer (*dash*) Angostura Bitter

ZUBEREITUNG

1 Stück Würfelzucker in eine im Gefrierfach vorgekühlte Cocktailschale (oder ein Weinglas) geben und mit 2-3 Spritzern Angostura beträufeln. In einem Jigger nacheinander 1,5 cl (½ oz) Brandy oder Cognac, 1,5 cl (½ oz) Grand Marnier und 9 cl (3 oz) frischen Champagner Rosé oder Sekt Rosé brut abmessen und hinzufügen. Die Mischung mit einem Barlöffel behutsam umrühren und mit ½ Orangenscheibe und 3 Cocktailkirschen garniert servieren.

UNSER TIPP

Ein ausgezeichneter Aperitif, der besonders bei Frauen beliebt ist.

RUSTY NAIL

(Herstellung: build – im Trinkglas anrichten)

GESCHÄTZTER ALKOHOLGEHALT: 26,2
KALORIENGEHALT: 184

ZUTATEN

6 cl (2 oz) Blended Scotch Whisky
3 cl (1 oz) Drambuie (Schottischer Honiglikör)

ZUBEREITUNG

Nacheinander 6 cl (2 oz) Whisky und 3 cl (1 oz) Drambuie in einem Jigger abmessen und in einen niedrigen, mit Eis gefüllten Tumbler gießen. Die Mischung einige Sekunden lang mit einem Barlöffel umrühren, dann servieren.

UNSER TIPP

Ausgezeichneter Digestif, perfekt nach einem ausladenden Abendessen.

SAMOS-MARTINI

(Herstellung: stir & strain – rühren und abseihen)

ZUTATEN

6 cl (2 oz) trockener Wodka
3 cl (1 oz) Samos Likörwein

ZUBEREITUNG

In einem Jigger nacheinander 6 cl (2 oz) trockenen Wodka und 3 cl (1 oz) Samos Likörwein abmessen und in ein Rührglas gießen. Einige Eiswürfel hinzufügen und mit einem Barlöffel umrühren. Durch ein Barsieb, mit dem das Eis im Rührglas zurückgehalten wird, in ein im Gefrierfach vorgekühltes Cocktailglas abseihen. Mit 1 Zitronenzeste und 2 Weintrauben auf einem langen Partyspieß garniert servieren.

UNSER TIPP

Ausgezeichneter Digestif, der zu jeder Zeit des Tages erfreut.

GESCHÄTZTER ALKOHOLGEHALT: 12,2
KALORIENGEHALT: 142

SAZERAC TWIST ON THE ROCKS

(Herstellung: stir & strain – rühren und abseihen)

ZUTATEN

3 cl (1 oz) Amerikanischer Whiskey
2,5 cl (¾ oz) Brandy oder Cognac
1,5 cl (½ oz) Absinth
1 Stück Würfelzucker
2-3 Spritzer (*dash*) Angostura Bitter

ZUBEREITUNG

In einem Jigger nacheinander 3 cl (1 oz) amerikanischen Whiskey, 2,5 cl (¾ oz) Brandy oder Cognac und 1,5 cl (½ oz) Absinth abmessen und in ein Rührglas gießen. 2-3 Spritzer (dash) Angostura auf den Würfelzucker tröpfeln und zusammen mit etwas Eis hinzufügen. Dann mit einem Barlöffel umrühren. Durch ein Barsieb, mit dem das Eis im Rührglas zurückgehalten wird, in einen niedrigen, mit Eis gefüllten Tumbler abseihen und mit Zitronenzeste garniert servieren.

UNSER TIPP

Ausgezeichneter Aperitif.

GESCHÄTZTER ALKOHOLGEHALT: 26,5
KALORIENGEHALT: 258

DER SELTSAME FALL DES BENJAMIN BUTTON

Der Film aus dem Jahr 2008 ist ein wunderbares, von Fantasie durchzogenes Werk, eine Adaption der gleichnamigen berühmten Kurzgeschichte von F. Scott Fitzgerald. In überraschenden Rückblenden wird das Leben eines „Menschen, der alt geboren wurde", gespielt von Brad Pitt, erzählt. Der Film beginnt im New Orleans der 1920er Jahre, wo Sazerac offensichtlich besonders beliebt war, jedenfalls wird gleich in einer Anfangsszene ein solcher bestellt.

GESCHÄTZTER ALKOHOLGEHALT: 22,8
KALORIENGEHALT: 168

SIDECAR

(Herstellung: shake & strain – schütteln und abseihen)

ZUTATEN

4,5 cl (1 ½ oz) Cognac oder Brandy
2,5 cl (¾ oz) Cointreau oder Triple Sec
2,5 cl (¾ oz) Zitronen- oder Limettensaft

ZUBEREITUNG

In einem Jigger nacheinander 4,5 cl (1 ½ oz) Brandy oder Cognac, 2,5 cl (¾ oz) Cointreau oder Triple Sec und 2,5 cl (¾ oz) Zitronen- oder Limettensaft abmessen und in einen Shaker geben. Mehrere Eiswürfel hinzufügen und einige Sekunden lang schütteln. Durch ein Barsieb in ein im Gefrierfach vorgekühltes Cocktailglas abseihen – die Eiswürfel bleiben dabei im Shaker zurück – und servieren.

UNSER TIPP

Ein wunderbarer Digestif und auch als Abendgetränk jederzeit passend.

STINGER

(Herstellung: shake & strain – schütteln und abseihen)

GESCHÄTZTER ALKOHOLGEHALT: 22,8
KALORIENGEHALT: 168

ZUTATEN

6 cl (2 oz) Cognac oder Brandy
3 cl (1 oz) weiße Crème de Menthe

ZUBEREITUNG

Nacheinander 6 cl (2 oz) Cognac oder Brandy und 3 cl (1 oz) weiße Crème de Menthe in einem Jigger abmessen und in einen Shaker geben. Mit mehreren Eiswürfeln einige Sekunden lang kräftig schütteln. Durch ein Barsieb in ein im Gefrierfach vorgekühltes Cocktailglas abseihen – die Eiswürfel bleiben dabei im Shaker zurück – und servieren.

UNSER TIPP

Ein Digestif, der im Ruf steht, einer der besten der Welt zu sein.

GESCHÄTZTER ALKOHOLGEHALT: 23,5
KALORIENGEHALT: 280

STINGER ICE

(Herstellung: blender – im Mixer)

ZUTATEN

4,5 cl (1 ½ oz) Weinbrand
4,5 cl (1 ½ oz) weiße Crème de Menthe
100 g (ca.) Zitroneneis

ZUBEREITUNG

In einem Jigger nacheinander 4,5 cl (1 ½ oz) Brandy und 4,5 cl (1 ½ oz) Crème de Menthe abmessen und in einen Mixer geben. Ca. 100 g Zitroneneis und ½ niedrigen Tumbler voll Crushed Ice hinzufügen. 15-20 Sekunden lang mixen und in einen hohen Tumbler füllen. Garniert mit 1 Zitronenscheibe, 1 Zweig frischer Minze und 2 langen Trinkhalmen servieren.

UNSER TIPP

Ein toller Digestif und erfrischender Drink.

STRAWBERRY DAIQUIRI FROZEN

(Herstellung: blender – im Mixer)

GESCHÄTZTER ALKOHOLGEHALT: 10,2
KALORIENGEHALT: 89

ZUTATEN

4,5 cl (1 ½ oz) weißer oder goldener Rum
2,5 cl (¾ oz) Limetten- oder Zitronensaft
2,5 cl (¾ oz) Zuckersirup
3-4 frische Erdbeeren
1,5 cl (½ oz) Erdbeerpüree

ZUBEREITUNG

In einem Jigger nacheinander 4,5 cl (1 ½ oz) Rum, 2,5 cl (¾ oz) Limetten- oder Zitronensaft, 2,5 cl (¾ oz) Zuckersirup und 1,5 cl (½ oz) Erdbeerpüree abmessen und in einen Mixer geben. 1 hohen Tumbler voll Crushed Ice und 3-4 frische Erdbeeren hinzufügen. 15-20 Sekunden lang mixen und in den Tumbler gießen. Mit Erdbeerhälften und 2 langen Trinkhalmen garnieren.

UNSER TIPP

Ein besonders erfrischendes Getränk, das zu jeder Tageszeit gern genossen wird.

SWEET AFTER EIGHT

(Herstellung: blender – im Mixer)

ZUTATEN

4,5 cl (1 ½ oz) weiße Crème de Menthe oder Minzlikör
4,5 cl (1 ½ oz) Schokoladenlikör
6 cl (2 oz) Muskatwein

ZUBEREITUNG

Nacheinander 4,5 cl (1 ½ oz) weiße Crème de Menthe oder Minzlikör, 4,5 cl (1 ½ oz) Schokoladenlikör und 6 cl (2 oz) Muskatwein in einem Jigger abmessen und in einen Mixer geben. Einen halben niedrigen Tumbler voll Crushed Ice hinzufügen. 15-20 Sekunden lang mixen und in einen hohen Tumbler füllen. Mit 1 Zweig frischer Minze und 2 langen Trinkhalmen garniert servieren.

UNSER TIPP

Der Digestif ist besonders an heißen Tagen ein Genuss.

GESCHÄTZTER ALKOHOLGEHALT: 13,6
KALORIENGEHALT: 173

THE BEST

(Herstellung: shake & strain – schütteln und abseihen)

ZUTATEN

4,5 (1 ½ oz) Weinbrand oder Cognac
3 cl (1 oz) Kaffeelikör
2,5 cl (¾ oz) Cointreau oder Triple Sec

ZUBEREITUNG

In einem Jigger nacheinander 4,5 cl (1 ½ oz) Brandy oder Cognac, 3 cl (1 oz) Kaffeelikör und 2,5 cl (¾ oz) Cointreau oder Triple Sec abmessen und in einen Shaker geben. Eiswürfel hinzufügen und einige Sekunden lang schütteln. Durch ein Barsieb, das die im Shaker befindlichen Eiswürfel zurückhält, in einen niedrigen, mit Eis gefüllten Tumbler abseihen und servieren.

UNSER TIPP

Perfekt als After-Dinner, wird gern als Digestif gereicht.

GESCHÄTZTER ALKOHOLGEHALT: 23,7

KALORIENGEHALT: 186

TIRAMISÙ ICE

(Herstellung: blender – im Mixer)

ZUTATEN

3 cl (1 oz) Kaffeelikör
3 cl (1 oz) Eierlikör
4,5 cl (1 ½ oz) brauner Rum
100 g (ca.) Fiordilatte- oder Sahneeis
bitteres Kakaopulver

ZUBEREITUNG

In einem Jigger nacheinander 3 cl (1 oz) Eierlikör, 4,5 cl (1 ½ oz) Rum und 3 cl (1 oz) Kaffeelikör abmessen und in einen Mixer geben. Ca. 100 g Fiordilatte- oder Sahneeis und ½ niedrigen Tumbler voll Crushed Ice hinzufügen. 15-20 Sekunden lang mixen und in einen hohen Tumbler füllen. Mit Bitterkakao bestreuen und mit 2 langen Trinkhalmen garnieren.

UNSER TIPP

Ein köstliches Dessertgetränk, das sich auch hervorragend als Digestif eignet.

GESCHÄTZTER ALKOHOLGEHALT: 19
KALORIENGEHALT: 380

TONY'S

von Antonello Gagliardi

(Herstellung: shake & strain – schütteln und abseihen)

ZUTATEN

3 cl (1 oz) weißer Portwein
2,5 cl (¾ oz) trockener Wodka
3 cl (1 oz) Drambuie (Schottischer Honiglikör)
1 cl (¼ oz) Whisky

ZUBEREITUNG

In einem Jigger nacheinander 3 cl (1 oz) weißen Portwein, 2,5 cl (¾ oz) trockenen Wodka, 3 cl (1 oz) Drambuie und 1 cl (¼ oz) Whisky abmessen und in einen Shaker geben. Eiswürfel hinzufügen und einige Sekunden lang kräftig schütteln. Durch ein Barsieb, mit dem das Eis im Shaker zurückgehalten wird, in ein im Gefrierfach vorgekühltes Cocktailglas abseihen und mit einem Minzzweig sowie ein paar Zitronen- und Orangenzesten garniert servieren.

UNSER TIPP

Ausgezeichneter Digestif. Ein leckeres Getränk für den ganzen Abend.

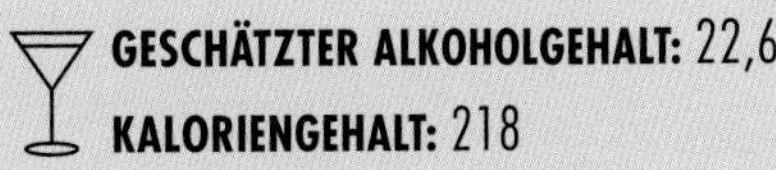

GESCHÄTZTER ALKOHOLGEHALT: 17,2
KALORIENGEHALT: 126

TWIST HEMINGWAY DAIQUIRI (PAPA DOBLE)

(Herstellung: blender – im Mixer)

ZUTATEN

4,5 cl (1 ½ oz) weißer Rum
2,5 cl (¾ oz) Grapefruitsaft
2,5 cl (¾ oz) Limetten- oder Zitronensaft
1,5 cl (½ oz) Maraschino-Kirschlikör

ZUBEREITUNG

In einem Jigger nacheinander 4,5 cl (1 ½ oz) weißen Rum, 1,5 cl (½ oz) Maraschino, 2,5 cl (¾ oz) Zitronen- oder Limettensaft und 2,5 cl (¾ oz) Grapefruitsaft abmessen und in einen Mixer geben. 3 Esslöffel Crushed Ice hinzufügen und 15 Sekunden lang mixen. In einen niedrigen Tumbler füllen und mit 1 Grapefruitspalte und 2 kurzen Trinkhalmen garnieren.

UNSER TIPP

Ausgezeichnetes Erfrischungsgetränk.

WHISKY SOUR

(Herstellung: shake & strain – schütteln und abseihen)

GESCHÄTZTER ALKOHOLGEHALT: 11,8
KALORIENGEHALT: 120

DAS VERFLIXTE 7. JAHR

Wenn man jemanden verführen will, kann ein guter Cocktail durchaus ein Verbündeter sein. So auch in dieser köstlichen Komödie aus dem Jahr 1955, in der es sich bei dem Drink um einen Whisky Sour handelt und der Möchtegern-Verführer Richard Sherman (Tom Ewell) heißt. Als Frau und Sohn in den Urlaub fahren, bleibt Richard arbeitshalber allein zurück. Kaum ist die neue Nachbarin (Marilyn Monroe) ins Haus gezogen, ist Richard von ihrer Attraktivität buchstäblich wie von den Socken und beginnt, sich in gefährlichen Wahnvorstellungen zu verlieren …

ZUTATEN

4,5 cl (1 ½ oz) Whisky
4 cl (1 ¼ oz) Zitronen- oder Limettensaft
2,5 cl (¾ oz) Zuckersirup

ZUBEREITUNG

In einem Jigger nacheinander 4,5 cl (1 ½ oz) Whisky, 4 cl (1 ¼ oz) Zitronen- oder Limettensaft und 2,5 cl (¾ oz) Zuckersirup abmessen und in einen Shaker geben. Mehrere Eiswürfel hinzufügen und einige Sekunden lang kräftig schütteln. Durch ein Barsieb in ein im Gefrierfach vorgekühltes Cocktailglas abseihen – die Eiswürfel bleiben dabei im Shaker zurück. Je nach Gusto mit 1 Cocktailkirsche garniert servieren.

UNSER TIPP

Ausgezeichnet als Digestif oder auch für abends.

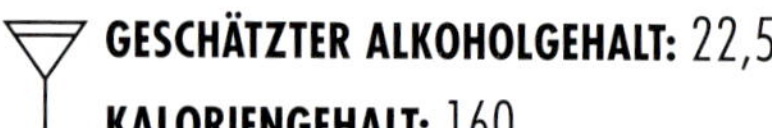

GESCHÄTZTER ALKOHOLGEHALT: 22,5
KALORIENGEHALT: 160

WHITE LADY

(Herstellung: shake & strain – schütteln und abseihen)

ZUTATEN

4,5 cl (1 ½ oz) Gin
3 cl (1 oz) Cointreau oder Triple Sec
2,5 cl (¾ oz) Zitronen- oder Limettensaft

ZUBEREITUNG

In einem Jigger nacheinander 4,5 cl (1 ½ oz) Gin, 3 cl (1 oz) Cointreau oder Triple Sec und 2,5 cl Zitronen- oder Limettensaft abmessen und in einen Shaker geben. Eiswürfel hinzufügen und einige Sekunden lang kräftig schütteln. Durch ein Barsieb, mit dem das Eis im Shaker zurückgehalten wird, in ein im Gefrierfach vorgekühltes Cocktailglas abseihen.

UNSER TIPP

Ein raffinierter Cocktail, der auch als gut bekömmlicher Digestif Anklang findet.

WHITE SPIDER

(Herstellung: build – im Trinkglas anrichten)

GESCHÄTZTER ALKOHOLGEHALT: 23,2 
KALORIENGEHALT: 289

ZUTATEN

4,5 cl (1 ½ oz) trockener Wodka
4,5 cl (1 ½ oz) weiße Crème de Menthe

ZUBEREITUNG

In einem Jigger nacheinander 4,5 cl (1 ½ oz) trockenen Wodka und 4,5 cl (1 ½ oz) weiße Crème de Menthe abmessen und in einen niedrigen, mit Eis gefüllten Tumbler geben. Mit einem Barlöffel umrühren und mit einem schönen Zweig frischer Minze und 2 kurzen Trinkhalmen garniert servieren.

UNSER TIPP

Das sehr bekömmliche Getränk ist nicht nur erfrischend, sondern eignet sich auch gut als Digestif.

GESCHÄTZTER ALKOHOLGEHALT: 9,3
KALORIENGEHALT: 122

WINE & LIQUORICE

(Herstellung: build – im Trinkglas anrichten)

ZUTATEN

4,5 cl (1 ½ oz) Muskatwein
4,5 cl (1 ½ oz) Lakritz-Likör

ZUBEREITUNG

In einem Jigger nacheinander 4,5 cl (1 ½ oz) Muskatwein und 4,5 cl (1 ½ oz) Lakritzlikör abmessen und in einen niedrigen, mit Eis gefüllten Tumbler gießen. Mit einem Barlöffel umrühren und mit 2 Lakritzschnecken und 2 kurzen Trinkhalmen garniert servieren.

UNSER TIPP

Ausgezeichneter Digestif.

WINE APPLE MARTINI

(Herstellung: shake & strain – schütteln und abseihen)

ZUTATEN

4,5 cl (1 ½ oz) Lugana bianco (Weißwein vom Gardasee)
2,5 cl (¾ oz) Apfellikör
2,5 cl (¾ oz) Cointreau oder Triple Sec

ZUBEREITUNG

In einem Jigger nacheinander 4,5 cl (1 ½ oz) Lugana bianco, 2,5 cl (¾ oz) Apfellikör und 2,5 cl (¾ oz) Cointreau oder Triple Sec abmessen und in einen Shaker geben. Eiswürfel hinzufügen und einige Sekunden lang schütteln. Durch ein Barsieb, mit dem das Eis im Shaker zurückgehalten wird, in ein im Gefrierfach vorgekühltes Cocktailglas abseihen. Mit weißen Trauben garniert servieren.

UNSER TIPP

Ausgezeichnet als Aperitif, aber auch ein passender Drink für jede andere Zeit des Tages.

GESCHÄTZTER ALKOHOLGEHALT: 13,3
KALORIENGEHALT: 165

WINE FRENCH KISS

(Herstellung: build – im Trinkglas anrichten)

ZUTATEN

3 cl (1 oz) Erdbeer-Smoothie oder Erdbeerpüree
3 cl (1 oz) Ananassaft
9 cl (3 oz) Sekt brut oder Champagner

ZUBEREITUNG

Nacheinander 3 cl (1 oz) Erdbeer-Smoothie oder -Püree und 3 cl (1 oz) Ananassaft in einem Jigger abmessen und in ein Weinglas gießen. Mit einem Barlöffel gut umrühren und mit 9 cl (3 oz) sehr frischem Sekt brut oder Champagner auffüllen. Behutsam erneut einige Sekunden lang umrühren und mit 1 Erdbeere garniert servieren.

UNSER TIPP

Eine spezielle Variante des Rossini. Der ausgezeichnete Aperitif erfreut auch zu jeder anderen Stunde des Tages.

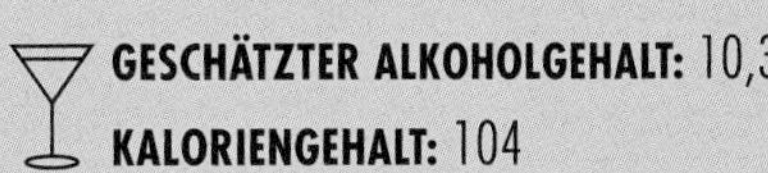

COOL DRINKS

Cool Drinks sind Cocktails, die schon immer einem Trend folgten. Sie sind bei Menschen beliebt, die Moden gegenüber offen sind und Originalität sowie ein vielfältiges, in verschiedenen Alkoholgraden zur Verfügung stehendes Angebot zu schätzen wissen. Die Cool Drinks erfreuen sich besonders bei einem anspruchsvollen und neugierigen jungen Konsumentenkreis großer Beliebtheit.
Einige Cool Drinks, wie der Tequila Bum Bum, der Original Cuban Mojito, der Kamikaze oder der Toro Loco, wurden enorm erfolgreich und haben sich inzwischen weltweit als „Renner" etabliert. Viele Cool Drinks gehen auf Neuinterpretationen klassischer Cocktails zurück und wurden in dem Bestreben kreiert, Veränderungen im Geschmack und bei den Konsumenten zuvorzukommen, aufzugreifen und zu befriedigen. Vor allem Cocktails, die sich als interessante Alternativen zum klassischen Mojito herauskristallisieren, ragen heraus: Mojito Fidel, Mojito Basito und Passion Mojito erfahren vor allem bei dem immer anspruchsvoller werdenden weiblichen Publikum den größten Zuspruch. Zu den jüngsten Cocktails gehören der Moscow Mule, der Spritz Mojito und der Tommy Margarita, die nicht nur in den angesagtesten Clubs, sondern auch auf den „coolsten" Privatpartys ein Hit sind.
Diese Gruppe von Drinks wird oft mit der Welt der Mode, des Films, der Serien und der Popmusik in Verbindung gebracht, und ihre anhaltende Popularität hat einige dieser Cocktails zu echten Klassikern gemacht.
Eines der markantesten Beispiele ist der Cosmopolitan, der in Miami von der Barkeeperin Cherry Cook im Auftrag eines renommierten Spirituosenherstellers kreiert wurde. Ziel war es, einen Cocktail auf den Markt zu bringen, der den Geschmack eines wachsenden weiblichen Publikums anspricht. Entstanden ist der Mix aus Likören, Zitrusfrüchten und Cranberrysaft zu einem leuchtend rosafarbenen Getränk, das in einem eleganten Martini-Glas serviert wird.
Der Cosmopolitan erreichte in der zweiten Hälfte der 1990er Jahre dank Madonna den Höhepunkt seines Erfolgs. Ein Foto, das sie im Rainbow Room nippend am Cosmopolitan zeigt, genügte, um letzteren unsterblich zu machen. Seitdem hat er den Ruf erworben, Lieblingscocktail von modernen, intelligenten und zielbewussten Frauen wie Carrie Bradshaw und ihrer Freundinnengruppe in Sex and the City zu sein.

COOL DRINKS

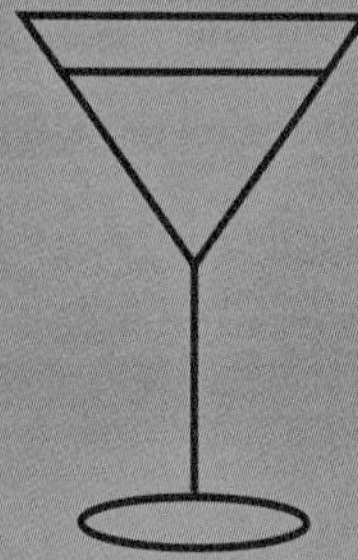

1989

von Giulia Gobbi

(Herstellung: build – im Trinkglas anrichten)

ZUTATEN

2,5 cl (¾ oz) trockener Wodka
4,5 cl (1 ½ oz) Albana di Romagna dei Colli Romagnoli oder anderer süßer Weißwein
2,5 cl (¾ oz) Tonic Water
Saft einer ½ Limettenspalte

ZUBEREITUNG

In einem Jigger nacheinander 2,5 cl (¾ oz) trockenen Wodka, 4,5 cl (1 ½ oz) Weißwein, 2,5 cl (¾ oz) Tonic Water und den Saft einer halben Limettenspalte abmessen und in einen niedrigen, mit Eis gefüllten Tumbler gießen. Mit einem Barlöffel vorsichtig umrühren und mit einer halben Limettenscheibe garniert servieren.

UNSER TIPP

Ausgezeichnet als Aperitif. Exquisit jederzeit.

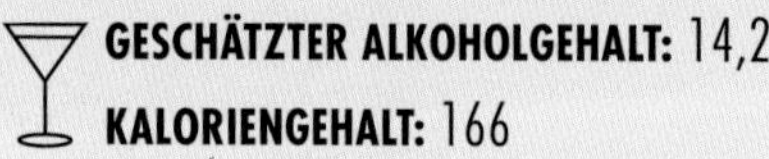

GESCHÄTZTER ALKOHOLGEHALT: 14,2
KALORIENGEHALT: 166

ALESSANDRO MASSIMO 2014

(Herstellung: build – im Trinkglas anrichten)

ZUTATEN

4,5 cl (1 ½ oz) Müller-Thurgau
4,5 cl (1 ½ oz) grüne Crème de Menthe

ZUBEREITUNG

In einem Jigger nacheinander 4,5 cl (1 ½ oz) Müller-Thurgau und 4,5 cl (1 ½ oz) Crème de Menthe abmessen und in einen niedrigen, mit Eis gefüllten Tumbler gießen. Mit einem Barlöffel umrühren und mit 2 kurzen Trinkhalmen, 1 Minzzweig und 1 Zuckerschnuller garniert servieren.

UNSER TIPP

Ein herrlich erfrischender Digestif, der besonders abends bei drückender Hitze erfreut.

GESCHÄTZTER ALKOHOLGEHALT: 13,6
KALORIENGEHALT: 177

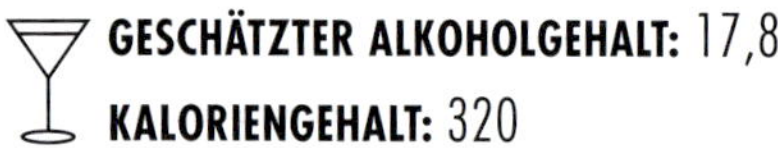

GESCHÄTZTER ALKOHOLGEHALT: 17,8
KALORIENGEHALT: 320

AFTER EIGHT

(Herstellung: blender – im Mixer)

ZUTATEN

4,5 cl (1 ½ oz) Minzlikör
4,5 cl (1 ½ oz) Schokoladenlikör
50 g (ca.) Pfefferminz-Eiscreme
50 g (ca.) Schokoladeneis

ZUBEREITUNG

Nacheinander 4,5 cl (1 ½ oz) Minzlikör und 4,5 cl (1 ½ oz) Schokoladenlikör in einem Jigger abmessen und in einen Mixer geben. Ca. 50 g Pfefferminz-Eiscreme, 50 g Schokoladeneis und ½ niedrigen Tumbler voll Crushed Ice hinzufügen. 15-20 Sekunden lang mixen und in einen hohen Tumbler füllen. Mit 1 Zweig frischer Minze und 2 langen Trinkhalmen garniert servieren.

UNSER TIPP

Ein köstliches Getränk für den ganzen Abend, das auch als Digestif gefragt ist.

AMARETTO COLADA

(Herstellung: blender – im Mixer)

GESCHÄTZTER ALKOHOLGEHALT: 15,3
KALORIENGEHALT: 231

ZUTATEN

4,5 cl (1 ½ oz) Amaretto Disaronno
6 cl (2 oz) Ananassaft
2,5 cl (¾ oz) weißer Rum
3 cl (1 oz) Kokosnusspüree

ZUBEREITUNG

In einem Jigger nacheinander 2,5 cl (¾ oz) Rum, 4,5 cl (1 ½ oz) Amaretto Disaronno, 6 cl (2 oz) Ananassaft und 3 cl (1 oz) Kokosnusspüree abmessen und in einen Mixer geben. ½ niedrigen Tumbler voll Crushed Ice hinzufügen und 15-20 Sekunden lang mixen. In einen hohen Tumbler füllen und mit ¼ Ananasscheibe, 2 Cocktailkirschen und 2 langen Trinkhalmen garnieren.

UNSER TIPP

Ein besonders für die Nachmittagsstunden empfehlenswerter Longdrink.

GESCHÄTZTER ALKOHOLGEHALT: 18,4
KALORIENGEHALT: 150

APPLE MARTINI

(Herstellung: shake & strain – schütteln und abseihen)

THE SOCIAL NETWORK

Mit Erscheinen des lange erwarteten kontroversen Films The Social Network *von David Finchers im Jahr 2010 trat dieses Ende der 1990er Jahre entstandene Trendgetränk einen weltweiten Siegeszug an. In einer Szene des Films über die Entstehung des sozialen Netzwerks schlechthin, nämlich Facebook, diskutiert ein sehr junger Mark Zuckerberg (Jesse Eisenberg) mit einigen, an dem Projekt beteiligten Studenten über das weitere Vorgehen. Dabei essen sie Sushi und trinken zahlreiche* Apple Martini.

ZUTATEN

4,5 cl (1 ½ oz) trockener Wodka
2,5 cl (¾ oz) grüner Apfellikör
2,5 cl (¾ oz) Cointreau oder Triple Sec

ZUBEREITUNG

In einem Jigger nacheinander 4,5 cl (1 ½ oz) Wodka, 2,5 cl (¾ oz) grünen Apfellikör und 2,5 cl (¾ oz) Cointreau oder Triple Sec abmessen und in einen Shaker gießen. Eiswürfel hinzufügen und einige Sekunden lang schütteln. Durch ein Barsieb, mit dem das Eis im Shaker zurückgehalten wird, in ein im Gefrierfach vorgekühltes Cocktailglas abseihen und servieren.

UNSER TIPP

Hervorragend als Aperitif geeignet.

ARNOLD PALMER

(Herstellung: build – im Trinkglas anrichten)

ALKOHOLGEHALT: 0
KALORIENGEHALT: 92

Der lustige Detektivfilm mit Will Ferrell und Mark Wahlberg in den Hauptrollen war 2010 eine der Überraschungen an den Kinokassen. Während eines Treffens werden den kauzigen Detektiven zwei alkoholische Versionen des Arnold Palmer *angeboten: Nicht zuletzt dank der großen Leinwand hat der Cocktail in den letzten zehn Jahren einen derartigen Siegeszug angetreten, dass er jetzt sogar in vielen Supermärkten erhältlich ist.*

ZUTATEN

9 cl (3 oz) Zitronen-Eistee
9 cl (3 oz) Limonade

ZUBEREITUNG

9 cl (3 oz) eisgekühlten Zitronentee und 9 cl (3 oz) Limonade nacheinander in einem Jigger abmessen und in einen hohen, mit Eis gefüllten Tumbler gießen. Mit einem Barlöffel behutsam umrühren und wahlweise mit einer Zitronenspalte garniert servieren.

UNSER TIPP

Ein alkoholfreies Erfrischungsgetränk. Die alkoholhaltige Variante setzt sich aus 6 cl (2 oz) trockenem Wodka, 6 cl (2 oz) Zitronen-Eistee und 6 cl (2 oz) Limonade zusammen.

AROMATIC SPRITZ

(Herstellung: build – im Trinkglas anrichten)

ZUTATEN

9 cl (3 oz) Sauvignon
6 cl (2 oz) Soda oder Sprudelwasser

ZUBEREITUNG

6 cl (2 oz) Soda oder Sprudelwasser in einem Jigger abmessen und in einen hohen, mit Eis gefüllten Tumbler gießen. Bis knapp unter den Rand mit 9 cl (3 oz) Sauvignon auffüllen, einige Sekunden umrühren und mit 2 langen Trinkhalmen und einer Zitronenspalte garnieren.

UNSER TIPP

Ausgezeichneter Aperitif und ein Drink, der ideal zu den unbeschwerten Stunden des Tages passt.

GESCHÄTZTER ALKOHOLGEHALT: 8,8
KALORIENGEHALT: 156

ASSENZIO MOJITO (ABSINTH-MOJITO)

(Herstellung: mit einem muddler – Stößel)

ZUTATEN

6 cl (2 oz) Absinth (45 % vol.alc.)
½ Limette
7 g (ca.) frische Minze
20 g (ca.) weißer Zucker oder Rohrzucker
6 cl (2 oz) Soda oder Sprudelwasser

ZUBEREITUNG

Eine in Würfel geschnittene halbe Limette und etwa 20 g Zucker in einen hohen Tumbler geben und mit einem Stößel zu einer Paste zerstoßen. Ca. 7 g frische Minze hinzufügen und leicht andrücken. Mit Crushed Ice oder Eiswürfeln auffüllen. 6 cl (2 oz) Absinth in einem Jigger abmessen und hinzufügen. Das Glas bis knapp unter den Rand mit 6 cl (2 oz) Soda oder Sprudelwasser auffüllen. Die Mischung mit einem Barlöffel umrühren, damit sich die Zutaten gut vermischen. Mit 1 Zweig frischer Minze und 2 langen Trinkhalmen garniert servieren.

UNSER TIPP

Tolles Trendgetränk.

GESCHÄTZTER ALKOHOLGEHALT: 14,2
KALORIENGEHALT: 172

GESCHÄTZTER ALKOHOLGEHALT: 13,6
KALORIENGEHALT: 132

FROZEN BANANA DAIQUIRI

(Herstellung: blender – im Mixer)

DER PATE TEIL II

Der lang erwartete zweite Teil der Trilogie von Francis Ford Coppola über die mächtige Mafiafamilie Corleone erschien 1974. In der Verfilmung des berühmten Romans von Mario Puzo (Starbesetzung mit Al Pacino, Robert Duval, Robert De Niro) bestellt Fredo Corleone (John Cazale) auf dem Weg in die kubanische Hauptstadt einen Frozen Banana Daiquiri.

ZUTATEN

4,5 cl (1 ½ oz) weißer oder goldener Rum
2,5 cl (¾ oz) Zitronen- oder Limettensaft
2,5 cl (¾ oz) Zuckersirup
70 g (ca.) frische Banane

ZUBEREITUNG

In einem Jigger nacheinander 4,5 cl (1 ½ oz) Rum, 2,5 cl (¾ oz) Zuckersirup und 2,5 cl (¾ oz) Zitronen- oder Limettensaft abmessen und in einen Mixer geben. Ca. 70 g in Scheiben geschnittene Banane und ½ hohen Tumbler voll Crushed Ice hinzufügen. Die Mischung 15-20 Sekunden lang mixen. In einen niedrigen Tumbler füllen und mit dem Rest der Banane und 2 kurzen Trinkhalmen garnieren.

UNSER TIPP

Ein erfrischendes Getränk, das die Sommertage verschönern kann.

BATIDA DE LIMAO

(Herstellung: blender – im Mixer)

GESCHÄTZTER ALKOHOLGEHALT: 11,8
KALORIENGEHALT: 176

ZUTATEN

4,5 cl (1 ½ oz) Cachaça
4,5 cl (1 ½ oz) frisch gepresster Limettensaft
2,5 cl (¾ oz) Zuckersirup
20 g (ca.) weißer Zucker oder Rohrzucker

ZUBEREITUNG

In einem Jigger nacheinander 4,5 cl (1 ½ oz) Cachaça, 4,5 cl (1 ½ oz) Limettensaft und 2,5 cl (¾ oz) Zuckersirup abmessen und in einen Mixer geben. Etwa 20 g Zucker sowie ½ hohen Tumbler voll Crushed Ice hinzugeben. 15-20 Sekunden lang mixen und in den Tumbler füllen. Mit 1 Limettenspalte und 2 langen Trinkhalmen garniert servieren.

UNSER TIPP

Kann besonders als Erfrischungsgetränk punkten.

GESCHÄTZTER ALKOHOLGEHALT: 11,5
KALORIENGEHALT: 194

BATIDA DE MORANGO

(Herstellung: blender – im Mixer)

ZUTATEN

4,5 cl (1 ½ oz) Cachaça
20 g (ca.) weißer Zucker oder Rohrzucker
5 frische Erdbeeren
1,5 cl (½ oz) Erdbeerpüree
3 cl (1 oz) Zuckersirup

ZUBEREITUNG

In einem Jigger nacheinander 4,5 cl (1 ½ oz) Cachaça und 3 cl (1 oz) Zuckersirup abmessen und in einen Mixer geben. Ca. 20 g Zucker und 5 frische Erdbeeren dazugeben. 1,5 cl (½ oz) Erdbeerpüree abmessen und zusammen mit ½ hohen Tumbler voll Crushed Ice hinzufügen. 15-20 Sekunden lang mixen und in den Tumbler gießen. Mit frischen Erdbeeren und 2 langen Trinkhalmen garniert servieren.

UNSER TIPP

Ausgezeichneter Batida, jederzeit zu empfehlen.

BLACK MOJITO

(Herstellung: mit einem muddler – Stößel)

GESCHÄTZTER ALKOHOLGEHALT: 8,9

KALORIENGEHALT: 146

ZUTATEN

6 cl (2 oz) Lakritzlikör
½ Limette
7 g (ca.) frische Minze
20 g (ca.) weißer Zucker oder Rohrzucker
6 cl (2 oz) Soda oder Sprudelwasser

ZUBEREITUNG

Eine in Würfel geschnittene halbe Limette und etwa 20 g Zucker in einen hohen Tumbler geben und mit einem Stößel zu einer Paste zerstoßen. Ca. 7 g frische Minze hinzufügen und leicht andrücken. Mit Crushed Ice oder Eiswürfeln auffüllen. 6 cl (2 oz) Lakritzlikör in einem Jigger abmessen und hinzufügen. Mit 6 cl (2 oz) Soda oder Sprudelwasser auffüllen und mit einem Barlöffel umrühren, bis sich die Zutaten gut vermischt haben. Mit 1 Lakritzschnecke, 1 Zweig frischer Minze und 2 langen Trinkhalmen garnieren und servieren.

UNSER TIPP

Jederzeit empfehlenswert.

BLOODY BISHOP

(Herstellung: build – im Trinkglas anrichten)

ZUTATEN

4,5 cl (1 ½ oz) trockener Sherry
9 cl (3 oz) Tomatensaft
2,5 cl (¾ oz) Zitronen- oder Limettensaft
Gewürze (Salz, Pfeffer, Tabasco, Worcestersauce)

ZUBEREITUNG

In einem Jigger nacheinander 4,5 cl (1 ½ oz) trockenen Sherry, 2,5 cl (¾ oz) Zitronen- oder Limettensaft und 9 cl (3 oz) Tomatensaft abmessen und in einen hohen Tumbler gießen. Etwas Salz, Pfeffer, ein paar Tropfen (*dash*) Tabasco sowie Worcestersauce und ein paar Eiswürfel hinzufügen. Mit einem Barlöffel kräftig umrühren und mit 1 Avocadoscheibe, 1 Stangensellerie (wahlweise) und 2 langen Trinkhalmen garniert servieren.

UNSER TIPP

Ausgezeichnet als Aperitif und als Drink für den frühen Nachmittag.

GESCHÄTZTER ALKOHOLGEHALT: 8,6
KALORIENGEHALT: 122

BLOODY MARIA

(Herstellung: mit einem muddler – Stößel)

ZUTATEN

4,5 cl (1 ½ oz) Tequila
9 cl (3 oz) Tomatensaft
1,5 cl (½ oz) Zitronensaft
Gewürze

ZUBEREITUNG

In einem Jigger nacheinander 4,5 cl (1 ½ oz) Tequila, 1,5 cl (½ oz) Zitronensaft und 9 cl (3 oz) Tomatensaft abmessen und in einen hohen Tumbler gießen. Salz, Pfeffer, ein paar Tropfen Tabasco, Worcestersauce, Jalapeño-Pfeffer und ein paar Eiswürfel hinzufügen. Die Zutaten mit einem Barlöffel kräftig umrühren und mit 1 Avocadoscheibe, einer Selleriestange (wahlweise) und 2 langen Trinkhalmen garniert servieren.

UNSER TIPP

Perfekt als Aperitif, ein idealer Begleiter zur mexikanischen Küche.

GESCHÄTZTER ALKOHOLGEHALT: 15,8
KALORIENGEHALT: 147

BRIDGET JONES – SCHOKOLADE ZUM FRÜHSTÜCK

Jeder weiß, dass die 30-jährige Britin Bridget Jones (Renée Zellweger) von einem Märchenprinzen träumt und eine gute Esserin ist. Weniger bekannt ist ihre Leidenschaft, nachmittags mit Freundinnen alte Filme anzuschauen, über andere herzuziehen und dabei Bloody Marys zu trinken. Dank der erfolgreichen sentimentalen Komödie von 2001 wurde dieser Cocktail auch in Europa populär.

GESCHÄTZTER ALKOHOLGEHALT: 16,6
KALORIENGEHALT: 268

BLUE ANGEL ICE

(Herstellung: blender – im Mixer)

ZUTATEN

3 cl (1 oz) trockener Wodka
2,5 cl (¾ oz) Cointreau oder Triple Sec
3 cl (1 oz) Blue Curaçao
2,5 cl (¾ oz) Zitronen- oder Limettensaft
100 g (ca.) Zitroneneis

ZUBEREITUNG

In einem Jigger nacheinander 3 cl (1 oz) trockenen Wodka, 2,5 cl (¾ oz) Cointreau oder Triple Sec, 3 cl (1 oz) Blue Curaçao und 2,5 cl (¾ oz) Zitronen- oder Limettensaft abmessen und in einen Mixer geben. Etwa 100 g Zitroneneis und ½ niedrigen Tumbler voll Crushed Ice hinzufügen. 15-20 Sekunden lang mixen und in einen hohen Tumbler füllen. Mit ½ Orangenscheibe, 3 Cocktailkirschen und 2 langen Trinkhalmen garniert servieren.

UNSER TIPP

Der erfrischende Drink eignet sich auch hervorragend als Digestif.

BRAZIL COLADA

(Herstellung: blender – im Mixer)

GESCHÄTZTER ALKOHOLGEHALT: 14,8
KALORIENGEHALT: 248

ZUTATEN

6 cl (2 oz) Cachaça
9 cl (3 oz) Ananassaft
3 cl (1 oz) Kokosnusspüree
1,5 cl (½ oz) Zuckersirup

ZUBEREITUNG

In einem Jigger nacheinander 6 cl (2 oz) Cachaça, 9 cl (3 oz) Ananassaft, 3 cl (1 oz) Kokosnusspüree und 1,5 cl (½ oz) Zuckersirup abmessen und in einen Mixer geben. ½ hohen Tumbler voll Crushed Ice hinzufügen und 15-20 Sekunden lang mixen. Die Mischung in das Glas füllen und mit ½ Ananasscheibe, 2 Cocktailkirschen und 2 langen Trinkhalmen garniert servieren.

UNSER TIPP

Ein Getränk, das jeden Moment des Tages verschönen kann.

GESCHÄTZTER ALKOHOLGEHALT: 18,4
KALORIENGEHALT: 203

CAIPIRISSIMA

(Herstellung: mit einem muddler – Stößel)

ZUTATEN

6 cl (2 oz) klarer Rum
½ Limette
20 g (ca.) weißer Zucker oder Rohrzucker

ZUBEREITUNG

Eine in Würfel geschnittene halbe Limette und ca. 20 g Zucker in einen niedrigen Tumbler geben und mit einem Stößel zu einer Paste zerstoßen. Mit Crushed Ice auffüllen. 6 cl (2 oz) klaren Rum in einem Jigger abmessen und hinzufügen. Mit einem Barlöffel einige Sekunden lang umrühren, bis die Zutaten gut vermischt sind. Mit 2 kurzen Trinkhalmen garniert servieren.

UNSER TIPP

Ein ausgezeichneter Drink, der erfrischend schmeckt und zwischen spätem Vormittag und fortgeschrittener Nacht gut zu trinken ist.

CAIPIROSKA

(Herstellung: mit einem muddler – Stößel)

GESCHÄTZTER ALKOHOLGEHALT: 18,8
KALORIENGEHALT: 215

ZUTATEN

6 cl (2 oz) trockener Wodka
½ Limette
20 g (ca.) weißer Zucker oder Rohrzucker

ZUBEREITUNG

Eine in Würfel geschnittene halbe Limette und ca. 20 g Zucker in einen niedrigen Tumbler geben und mit einem Stößel zu einer Paste zerstoßen. Das Glas mit Crushed Ice füllen und 6 cl (2 oz) trockenen Wodka dazufügen. Die Mischung mit einem Barlöffel einige Sekunden lang umrühren, bis sich die Zutaten gut vermischt haben. Mit 2 kurzen Trinkhalmen garniert servieren.

UNSER TIPP

Sollte maßvoll getrunken werden, der Drink eignet sich auch ausgezeichnet als Aperitif.

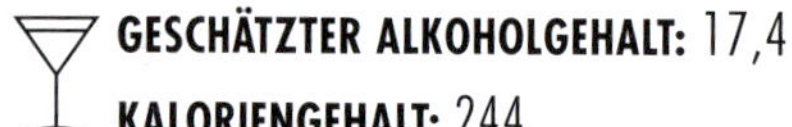

GESCHÄTZTER ALKOHOLGEHALT: 17,4
KALORIENGEHALT: 244

CANCHANCHARA

(Herstellung: build or shake & pour – im Trinkglas anrichten oder schütteln und ausgießen)

ZUTATEN

6 cl (2 oz) brauner Rum
2,5 cl (¾ oz) Zitronen- oder Limettensaft
2,5 cl (¾ oz) Gewürzhonigsirup
4,5 cl (1 ½ oz) Soda oder Sprudelwasser (wahlweise)

ZUBEREITUNG

In einem Jigger nacheinander 6 cl (2 oz) braunen Rum, 2,5 cl (¾ oz) Zitronen- oder Limettensaft und 2,5 cl (¾ oz) Gewürzhonigsirup abmessen und in einen niedrigen Tumbler oder Shaker gießen. Mit einem Barlöffel die Zutaten im Tumbler umrühren oder einige Sekunden lang ohne Eis im Shaker kräftig schütteln und dann in einen niedrigen, mit Eis gefüllten Tumbler füllen. Wahlweise 4,5 cl (1 ½ oz) Soda oder Sprudelwasser in einem Jigger abmessen und hinzufügen. Mit Limetten- oder Zitronenspalten garnieren und servieren.

UNSER TIPP

Ein besonders erfrischender Drink. Er ist jederzeit ein Genuss und wird oft in einem Steingutbecher serviert.

RUM-BIRNE-SHOT

(Herstellung: build – im Trinkglas anrichten)

GESCHÄTZTER ALKOHOLGEHALT: 8,6
KALORIENGEHALT: 86

ZUTATEN

3 cl (1 oz) brauner Rum
3 cl (1 oz) Birnensaft

ZUBEREITUNG

3 cl (1 oz) braunen Rum in einem Jigger abmessen und in ein kleines Schnapsglas (Chupito) gießen. 3 cl (1 oz) Birnensaft hinzufügen und servieren.

UNSER TIPP

Ein hervorragender After-Dinner-Drink.

GESCHÄTZTER ALKOHOLGEHALT: 13,8
KALORIENGEHALT: 132

COSMOPOLITAN

(Herstellung: shake & strain – schütteln und abseihen)

SEX AND THE CITY

In der HBO-Fernsehserie ist der Cosmopolitan *das Lieblingsgetränk von Carrie Bradshaw (Sarah Jessica Parker) und ihren unzertrennlichen Freundinnen Samantha, Charlotte und Miranda. Wie könnte es auch anders sein – wird dieses rosige Getränk doch seit jeher mit modernen, emanzipierten Frauen wie Madonna assoziiert.*

ZUTATEN

4 cl (1 ¼ oz) trockener Wodka
1,5 cl (½ oz) Cointreau oder Triple Sec
1,5 cl (½ oz) Zitronen- oder Limettensaft
3 cl (1 oz) Cranberrysaft

ZUBEREITUNG

In einem Jigger nacheinander 4 cl (1 ¼ oz) trockenen Wodka, 1,5 cl (½ oz) Cointreau oder Triple Sec, 1,5 cl (½ oz) Zitronen- oder Limettensaft und 3 cl (1 oz) Cranberrysaft abmessen und in einen Shaker geben. Einige Eiswürfel hinzufügen und mehrmals kräftig schütteln. Durch ein Barsieb, mit dem das Eis im Shaker zurückgehalten wird, in ein im Gefrierfach vorgekühltes Cocktailglas abseihen. Jetzt kann serviert werden.

UNSER TIPP

Eignet sich gut für die Abendstunden oder zur geselligen Happy Hour.

COSMOPOLITAN ICE

GESCHÄTZTER ALKOHOLGEHALT: 10,8
KALORIENGEHALT: 204

(Herstellung: blender – im Mixer)

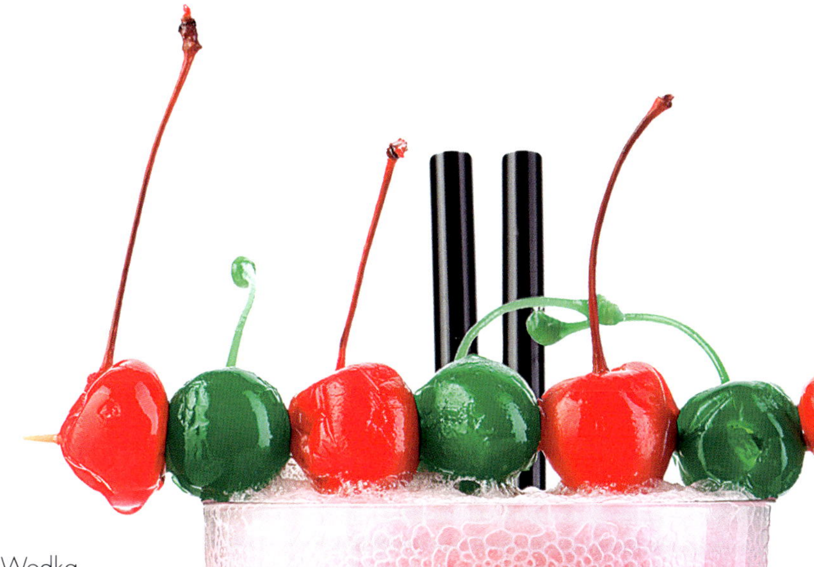

ZUTATEN

4,5 cl (1 ½ oz) trockener Wodka
3 cl (1 oz) Cointreau oder Triple Sec
100 g (ca.) Zitroneneis
2,5 cl (¾ oz) Cranberrysaft oder -sirup

ZUBEREITUNG

In einem Jigger nacheinander 4,5 cl (1 ½ oz) trockenen Wodka, 3 cl (1 oz) Cointreau oder Triple Sec und 2,5 cl (¾ oz) Cranberrysaft oder -sirup abmessen und in einen Mixer geben. 100 g Zitroneneis und ½ niedrigen Tumbler voll Crushed Ice hinzufügen. 15-20 Sekunden lang mixen und in einen hohen Tumbler füllen. Mit ein paar Cocktailkirschen und 2 langen Trinkhalmen garniert servieren.

UNSER TIPP

Toller Drink für den Abend, er ist besonders bei Frauen beliebt.

GESCHÄTZTER ALKOHOLGEHALT: 12,6
KALORIENGEHALT: 128

GASOLINA

(Herstellung: shake & strain – schütteln und abseihen)

ZUTATEN

3 cl (1 oz) Pisco
3 cl (1 oz) Blue Curaçao
2,5 cl (¾ oz) Zitronen- oder Limettensaft
1,5 cl (½ oz) Zuckersirup
6 cl (2 oz) Erdbeer-Smoothie oder -saft
0,5 cl (⅙ oz) Schwarzer Sirup (Gum Nero)

ZUBEREITUNG

In einem Jigger nacheinander 0,5 cl (⅙ oz) Gum-Nero, 3 cl (1 oz) Pisco, 3 cl (1 oz) Blue Curaçao, 2,5 cl (¾ oz) Zitronen- oder Limettensaft, 1,5 cl (½ oz) Zuckersirup und 6 cl (2 oz) Erdbeer-Smoothie oder -saft abmessen und in einen Shaker geben. Ein paar Eiswürfel hinzufügen und einige Sekunden lang kräftig schütteln. Durch ein Barsieb, mit dem das Eis im Shaker zurückgehalten wird, in einen hohen, mit Eis gefüllten Tumbler abseihen. Mit 2 langen Trinkhalmen garniert servieren.

UNSER TIPP

Ein für den Abend empfohlener Drink.

GIADA BLU

GESCHÄTZTER ALKOHOLGEHALT: 12,3
KALORIENGEHALT: 134

(Herstellung: shake & strain – schütteln und abseihen)

ZUTATEN

3 cl (1 oz) Müller-Thurgau
2,5 cl (¾ oz) Cointreau oder Triple Sec
2,5 cl (¾ oz) Blue Curaçao
9 cl (3 oz) Ananassaft
1,5 cl (½ oz) Zitronen- oder Limettensaft

ZUBEREITUNG

In einem Jigger nacheinander 3 cl (1 oz) Müller-Thurgau, 2,5 cl (¾ oz) Cointreau oder Triple Sec, 2,5 cl (¾ oz) Blue Curaçao, 9 cl (3 oz) Ananassaft und 1,5 cl (½ oz) Zitronen- oder Limettensaft abmessen und in einen Shaker geben. Ein paar Eiswürfel hinzufügen und einige Sekunden lang kräftig schütteln. Durch ein Barsieb, mit dem das Eis im Shaker zurückgehalten wird, in einen hohen, mit Eis gefüllten Tumbler abseihen und garniert mit einer halben Ananasscheibe, Johannisbeeren und 2 langen Trinkhalmen servieren.

UNSER TIPP

Sehr empfehlenswert für heiße Tage.

GESCHÄTZTER ALKOHOLGEHALT: 27,4
KALORIENGEHALT: 203

ITALIAN ICED TEA

(Herstellung: shake & strain – schütteln und abseihen)

ZUTATEN

2,5 cl (¾ oz) klarer Grappa
2,5 cl (¾ oz) trockener Wodka
2,5 cl (¾ oz) weißer Rum
2,5 cl (¾ oz) Gin
2,5 cl (¾ oz) Zitronen- oder Limettensaft
3 cl (1 oz) Cola

ZUBEREITUNG

In einem Jigger nacheinander 2,5 cl (¾ oz) klaren Grappa, 2,5 cl (¾ oz) trockenen Wodka, 2,5 cl (¾ oz) Rum, 2,5 cl (¾ oz) Gin und 2,5 cl (¾ oz) Zitronen- oder Limettensaft abmessen und in einen Shaker geben. Mehrere Eiswürfel hinzufügen und einige Sekunden lang kräftig schütteln. Durch ein Barsieb, mit dem das Eis im Shaker zurückgehalten wird, in einen hohen, mit Eis gefüllten Tumbler abseihen. 3 cl (1 oz) Cola in dem Jigger abmessen und bis knapp unter den Rand in das Glas füllen. Mit Zitronenscheiben, Cocktailkirschen sowie 2 langen Trinkhalmen garniert servieren.

UNSER TIPP

Ein vor allem bei jungen Leuten beliebter Longdrink für den Abend, der allerdings nur in Maßen getrunken werden sollte.

JAMAICA'S DREAM

GESCHÄTZTER ALKOHOLGEHALT: 16,4
KALORIENGEHALT: 297

(Herstellung: shake & strain – schütteln und abseihen)

ZUTATEN

3 cl (1 oz) weißer Rum
3 cl (1 oz) brauner Rum
3 cl (1 oz) Passoa-Likör
6 cl (2 oz) tropischer Saft
1,5 cl (½ oz) Mango-Püree
1,5 cl (½ oz) Papaya-Püree
tropische Früchte

ZUBEREITUNG

(1 oz) Passoa-Likör, 6 cl (2 oz) tropischen Saft, 1,5 cl (½ oz) Papaya- und 1,5 cl (½ oz) Mango-Püree abmessen und in einen Shaker geben. Eiswürfel hinzufügen und einige Sekunden lang kräftig schütteln. Durch ein Barsieb, das die im Shaker befindlichen Eiswürfel zurückhält, in ein großes, mit Eis gefülltes Kelch- oder anderes Trinkglas abseihen. Großzügig mit Crushed Ice auffüllen und nach eigenem Gusto abwechselnd mit Mango-, Papaya-, Passionsfrucht-, Ananas- und/oder Bananenstücken garnieren. Mit 2 langen Trinkhalmen und ein paar Partyspießen versehen und servieren.

UNSER TIPP

Das Getränk ist ein echter Hingucker und wird bei Ihren Gästen immer Anklang finden, tagsüber wie abends.

GESCHÄTZTER ALKOHOLGEHALT: 11,8
KALORIENGEHALT: 186

JAMAICAN MOJITO

(Herstellung: mit einem muddler – Stößel)

ZUTATEN

6 cl (2 oz) brauner oder goldener Rum
½ Limette
20 g (ca.) weißer Zucker oder Rohrzucker
7 g (ca.) frische Minze
60 g (ca.) frischer Obstsalat
1,5 cl (½ oz) Limetten- oder Zitronensaft
6 cl (2 oz) Soda oder Sprudelwasser

ZUBEREITUNG

Eine in Würfel geschnittene halbe Limette und etwa 20 g Zucker in ein großes Kelchglas oder einen hohen Tumbler geben und mit einem Stößel zu einer Paste zerstoßen. Ca. 7 g frische Minze hinzufügen und leicht andrücken. In einem Jigger nacheinander ca. 60 g frischen Obstsalat, 6 cl (2 oz) Rum und 1,5 cl (½ oz) Limetten- oder Zitronensaft abmessen und hinzufügen. Mit Crushed Ice oder Eiswürfeln auffüllen und 6 cl (2 oz) Soda oder Sprudelwasser dazu gießen, so dass das Glas bis knapp unter den Rand gefüllt ist. Mit einem Barlöffel umrühren, um die Zutaten gut zu vermischen. 2 Cocktailkirschen und ¼ Ananasscheibe auf einen Partyspieß stecken (um sie besser verzehren zu könnnen) und mit 2 langen Trinkhalmen als Garnierung servieren.

UNSER TIPP

Ein munterer, nicht nur optisch ansprechender Drink, der jederzeit erfreut.

KAMIKAZE

GESCHÄTZTER ALKOHOLGEHALT: 20,8
KALORIENGEHALT: 156

(Herstellung: shake & strain – schütteln und abseihen)

ZUTATEN

3 cl (1 oz) trockener Wodka
3 cl (1 oz) Cointreau oder Triple Sec
3 cl (1 oz) Zitronen- oder Limettensaft

ZUBEREITUNG

In einem Jigger nacheinander 3 cl (1 oz) trockenen Wodka, 3 cl (1 oz) Cointreau oder Triple Sec und 3 cl (1 oz) Zitronen- oder Limettensaft abmessen und in einen Shaker gießen. Ein paar Eiswürfel hinzufügen und einige Sekunden lang kräftig schütteln. Durch ein Barsieb, mit dem das Eis im Shaker zurückgehalten wird, in ein im Gefrierfach vorgekühltes Cocktailglas abseihen und servieren.

UNSER TIPP

Dieser Cocktail mit relativ hohem Alkoholgehalt eignet sich hervorragend als Digestif, aber ist auch bei Diskobesuchern ein angesagter Drink.

LADY MOJITO ROSÉ

(Herstellung: mit einem muddler – Stößel)

ZUTATEN

4,5 cl (1 ½ oz) trockener Wermut
½ Limette
20 g (ca.) weißer Zucker oder Rohrzucker
7 g (ca.) frische Minze
6 cl (2 oz) Sekt Rosé brut oder Champagner Rosé

ZUBEREITUNG

Eine in Würfel geschnittene halbe Limette und etwa 20 g Zucker in einen hohen Tumbler geben und mit einem Stößel zu einer Paste zerstoßen. 7 g (ca.) frische Minze hinzufügen und leicht andrücken. Mit Eiswürfeln oder Crushed Ice auffüllen. 4,5 cl (1 ½ oz) trockenen Wermut in einem Jigger abmessen und dazugeben. Das Glas bis knapp unter den Rand mit 6 cl (2 oz) Sekt oder Champagner Rosé auffüllen und mit einem Barlöffel umrühren. Mit ½ Passionsfrucht, 1 Zweig frischer Minze und 2 langen Trinkhalmen garniert servieren.

UNSER TIPP

Ein fantastisches Aperitifgetränk, das besonders bei Frauen beliebt ist.

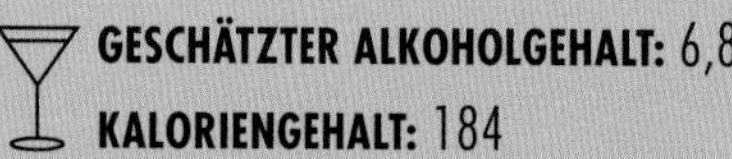

GESCHÄTZTER ALKOHOLGEHALT: 6,8
KALORIENGEHALT: 184

LIQUAICE

(Herstellung: blender – im Mixer)

ZUTATEN

6 cl (2 oz) Lakritzlikör
4,5 cl (1 ½ oz) weißer Rum
100 g (ca.) Fiordilatte- oder Sahneeis

ZUBEREITUNG

Nacheinander 6 cl (2 oz) Lakritzlikör und 4,5 cl (1 ½ oz) Rum in einem Jigger abmessen und in einen Mixer geben. Ca. 100 g Fiordilatte- oder Sahneeis und ½ niedrigen Tumbler voll Crushed Ice hinzufügen. 15-20 Sekunden lang mixen und in einen hohen Tumbler füllen. Mit 2 Lakritzschnecken und 2 langen Trinkhalmen garnieren.

UNSER TIPP

Ausgezeichnetes Dessertgetränk, das auch als Digestif zu empfehlen ist.

GESCHÄTZTER ALKOHOLGEHALT: 22,3
KALORIENGEHALT: 360

GESCHÄTZTER ALKOHOLGEHALT: 12,2
KALORIENGEHALT: 167

MOJITO BASITO

(Herstellung: mit einem muddler – Stößel)

ZUTATEN

6 cl (2 oz) weißer oder goldener Rum
½ Limette
7 g (ca.) frisches Basilikum
20 g (ca.) weißer Zucker oder Rohrzucker
6 cl (2 oz) Soda oder Sprudelwasser

ZUBEREITUNG

Eine in Würfel geschnittene halbe Limette und etwa 20 g Zucker in einen hohen Tumbler geben und mit einem Stößel zu einer Paste zerstoßen. Ca. 7 g frisches Basilikum hinzufügen und leicht andrücken. Mit Crushed Ice oder Eiswürfeln auffüllen. 6 cl (2 oz) Rum sowie 6 cl (2 oz) Soda oder Sprudelwasser in einem Jigger abmessen und hinzufügen, so dass das Glas bis knapp unter den Rand gefüllt ist. Mit einem Barlöffel umrühren, bis die Zutaten gut vermischt sind. Mit 1 frischem Basilikumzweig und 2 langen Trinkhalmen garnieren und servieren.

UNSER TIPP

Ein besonders aromatischer Cocktail, ausgezeichnet für den Abend.

MOJITO FIDEL

(Herstellung: build – im Trinkglas anrichten)

GESCHÄTZTER ALKOHOLGEHALT: 18

KALORIENGEHALT: 198

ZUTATEN

6 cl (2 oz) weißer oder goldener Rum
3 cl (1 oz) Saft von (ca.)
1 Limette
7 g (ca.) frische Minze
20 g (ca.) weißer Zucker oder Rohrzucker
6 cl (2 oz) helles Bier

ZUBEREITUNG

Nacheinander 6 cl (2 oz) Rum und ca. 3 cl (1 oz) Limettensaft in einem Jigger abmessen und in einen hohen Tumbler gießen. Ca. 20 g Zucker und 7 g frische Minze hinzufügen und mit einem Barlöffel umrühren. Mit Crushed Ice oder Eiswürfeln auffüllen. 6 cl (2 oz) Rum in dem Jigger abmessen und hinzufügen und mit 6 cl (2 oz) hellem Bier bis knapp unter den Rand des Glases auffüllen. Noch einmal umrühren und mit 1 frischem Basilikumzweig und 2 langen Trinkhalmen garniert servieren.

UNSER TIPP

Ein hervorragendes Abendgetränk, aber auch als Aperitif zu empfehlen.

GESCHÄTZTER ALKOHOLGEHALT: 14,3
KALORIENGEHALT: 203

ITALIENISCHER MOJITO

(Herstellung: mit einem muddler – Stößel)

ZUTATEN

6 cl (2 oz) klarer Grappa
½ Limette
7 g (ca.) frische Minze
20 g (ca.) weißer Zucker oder Rohrzucker
Soda oder Sprudelwasser

ZUBEREITUNG

Eine in Würfel geschnittene halbe Limette und etwa 20 g Zucker in einen hohen Tumbler geben und mit einem Stößel zu einer Paste zerstoßen. Ca. 7 g frische Minze hinzufügen und leicht andrücken. Das Glas mit Crushed Ice oder Eiswürfeln füllen. 6 cl (2 oz) klaren Grappa in einem Jigger abmessen und hinzufügen. Das Glas bis knapp unter den Rand mit 6 cl (2 oz) Soda oder Sprudelwasser auffüllen. Mit einem Barlöffel verrühren, bis alle Zutaten gut vermischt sind. Mit einem schönen Minzzweig und 2 langen Trinkhalmen garniert servieren.

UNSER TIPP

Ein willkommener Drink für abends.

MOJITO ROYAL

(Herstellung: mit einem muddler – Stößel)

ZUTATEN

6 cl (2 oz) weißer oder goldener Rum
½ Limette
7 g (ca.) frische Minze
6 cl (2 oz) Sekt brut
20 g (ca.) weißer Zucker oder Rohrzucker

ZUBEREITUNG

Eine in Würfel geschnittene halbe Limette und etwa 20 g Zucker in einen hohen Tumbler geben und mit einem Stößel zu einer Paste zerstoßen. Ca. 7 g frische Minze hinzufügen und leicht andrücken. Mit Crushed Ice oder Eiswürfeln auffüllen. 6 cl (2 oz) Rum in einem Jigger abmessen und hinzufügen. Mit 6 cl (2 oz) Sekt brut bis knapp unter den Rand des Glases auffüllen und mit einem Barlöffel umrühren, bis sich die Zutaten gut vermischt haben. Mit 1 Zweig frischer Minze, ½ Orangenscheibe und 2 langen Trinkhalmen garniert servieren.

UNSER TIPP

Kommt als Aperitif sehr gut an.

GESCHÄTZTER ALKOHOLGEHALT: 17,8
KALORIENGEHALT: 218

MONTECARLO

(Herstellung: shake & strain – schütteln und abseihen)

ZUTATEN

6 cl (2 oz) Chardonnay brut oder Champagner
3 cl (1 oz) Orangensaft
3 cl (1 oz) Himbeerpüree
3 cl (1 oz) Cointreau oder Triple Sec

ZUBEREITUNG

In einem Jigger nacheinander 3 cl (1 oz) Cointreau oder Triple Sec, 3 cl (1 oz) Orangensaft und 3 cl (1 oz) Himbeerpüree abmessen und in einen Shaker geben. Eiswürfel hinzufügen und einige Sekunden lang kräftig schütteln. Durch ein Barsieb, mit dem das Eis im Shaker zurückgehalten wird, in ein Weinglas abseihen und mit 6 cl (2 oz) Chardonnay brut oder Champagner auffüllen. Servieren.

UNSER TIPP

Ein toller Aperitif und geschätzter Drink, der auch zu anderen Gelegenheiten des Tages empfehlenswert ist.

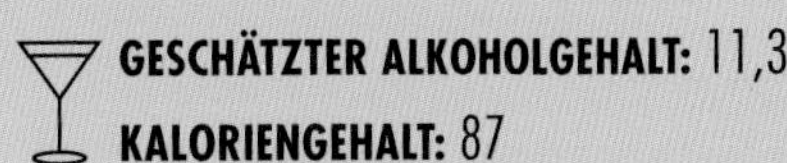

GESCHÄTZTER ALKOHOLGEHALT: 11,3
KALORIENGEHALT: 87

GESCHÄTZTER ALKOHOLGEHALT: 14,2
KALORIENGEHALT: 179

MOSCOW MULE

(Herstellung: build – im Trinkglas anrichten)

ZUTATEN

4,5 cl (1 ½ oz) trockener Wodka
12 cl (4 oz) Ingwerbier
1,5 cl (½ oz) Zitronen- oder Limettensaft

ZUBEREITUNG

Nacheinander 4,5 cl (1 ½ oz) trockenen Wodka, 12 cl (4 oz) Ingwerbier und 1,5 cl (½ oz) Zitronen- oder Limettensaft in einem Jigger abmessen und in einen mit Eis gefüllten Tumbler oder Becher gießen. Einige Sekunden lang mit einem Barlöffel umrühren und mit 2 Zitronen- oder Limettenspalten und 2 kurzen Trinkhalmen garniert servieren.

UNSER TIPP

Ein Must-have unter den modernen Aperitifs.

ORANGE JAM CAIPIRITA

(Herstellung: mit einem muddler – Stößel)

GESCHÄTZTER ALKOHOLGEHALT: 16,4
KALORIENGEHALT: 244

ZUTATEN

6 cl (2 oz) Tequila
20 g (ca.) weißer Zucker oder Rohrzucker
½ Limette
50 g (ca.) Orangenmarmelade
2,5 cl (¾ oz) Zuckersirup

ZUBEREITUNG

Eine in Würfel geschnittene halbe Limette und etwa 20 g Zucker in ein Einmachglas geben. Die Mischung mit einem Stößel zu einer Paste zerstoßen. In einem Jigger nacheinander 50 g Orangenmarmelade, 6 cl (2 oz) Tequila und 2,5 cl (¾ oz) Zuckersirup abmessen und hinzufügen. Das Glas mit Crushed Ice auffüllen und mit einem Barlöffel einige Sekunden lang kräftig umrühren. Mit 2 kurzen Trinkhalmen garniert servieren.

UNSER TIPP

Ein vor allem bei jungen Leuten beliebtes Abendgetränk. Die Orangenmarmelade können Sie gern durch eine Marmelade Ihrer Wahl ersetzen.

ZUTATEN

4,5 cl (1 ½ oz) trockener Wermut
6 cl (2 oz) Pfirsichpüree
6 cl (2 oz) Orangensaft
½ Teelöffel Zimtpulver

ZUBEREITUNG

In einem Jigger nacheinander 4,5 cl (1 ½ oz) trockenen Wermut, 6 cl (2 oz) Pfirsichpüree und 6 cl (2 oz) Orangensaft abmessen und in einen Mixer geben. ½ Teelöffel Zimtpulver und ½ niedrigen Tumbler voll Crushed Ice hinzugeben. Das Ganze 15-20 Sekunden lang mixen. In einen hohen Tumbler füllen und mit 3 Orangenspalten, 1 Cocktailkirsche und 2 langen Trinkhalmen garniert servieren.

UNSER TIPP

Wer es würzig mag, wird an diesem leichten Drink Gefallen finden, der zu jeder Tageszeit zu empfehlen ist.

ORIGINAL MOJITO CUBANO

GESCHÄTZTER ALKOHOLGEHALT: 11,6
KALORIENGEHALT: 160

(Herstellung: build – im Trinkglas anrichten)

MIAMI VICE

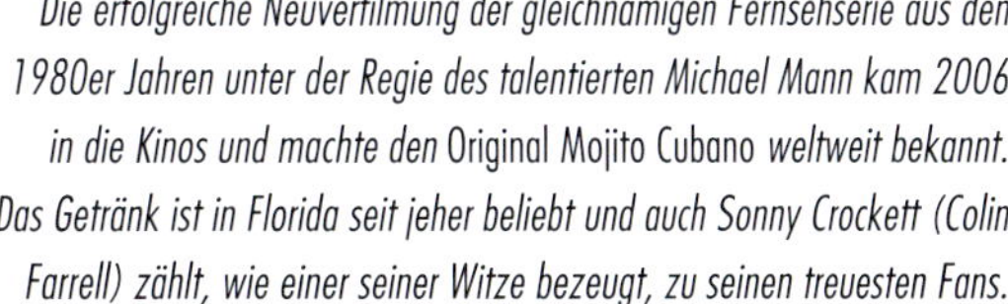
Die erfolgreiche Neuverfilmung der gleichnamigen Fernsehserie aus den 1980er Jahren unter der Regie des talentierten Michael Mann kam 2006 in die Kinos und machte den Original Mojito Cubano *weltweit bekannt. Das Getränk ist in Florida seit jeher beliebt und auch Sonny Crockett (Colin Farrell) zählt, wie einer seiner Witze bezeugt, zu seinen treuesten Fans.*

ZUTATEN

3 cl (1 oz) frisch gepresster Limettensaft
7 g (ca.) frische Minze*
20 g (ca.) weißer Zucker oder weißer Rohrzucker**
4,5 cl (1 ½ oz) weißer oder goldener Rum
6 cl (2 oz) Soda oder Sprudelwasser

ZUBEREITUNG

In einem Jigger nacheinander 4,5 cl (1 ½ oz) Rum und 3 cl (1 oz) frisch gepressten Limettensaft abmessen und in einen hohen Tumbler gießen. Ca. 20 g weißen Zucker und 7 g frische Minze hinzufügen und mit einem Barlöffel umrühren. Das Glas mit grob zerkleinertem Eis oder Eiswürfeln und 6 cl (2 oz) Soda oder Sprudelwasser bis knapp unter den Rand auffüllen, nochmals umrühren und garniert mit 1 Zweig frischer Minze und 2 langen Trinkhalmen servieren.

UNSER TIPP

Der berühmteste kubanische Aperitif-Cocktail der Welt.

* In Kuba wird er mit Hierbabuena zubereitet.
** In Kuba wird weißer Rohrzucker verwendet.

GESCHÄTZTER ALKOHOLGEHALT: 6,8
KALORIENGEHALT: 228

PASSION MOJITO

(Herstellung: mit einem muddler – Stößel)

ZUTATEN

6 cl (2 oz) Passoa
½ Limette
20 g (ca.) weißer Zucker oder Rohrzucker
7 g (ca.) frische Minze
6 cl (2 oz) Soda oder Sprudelwasser
Passionsfrucht

ZUBEREITUNG

Eine in Würfel geschnittene halbe Limette und etwa 20 g Zucker in einen hohen Tumbler geben und mit einem Stößel zu einer Paste zerstoßen. Etwa 7 g Minze hinzufügen und leicht andrücken. Mit Crushed Ice oder Eiswürfeln auffüllen. 6 cl (2 oz) Passoa in einem Jigger abmessen und hinzufügen. Das Glas mit 6 cl (2 oz) Soda oder Sprudelwasser bis knapp unter den Rand füllen und mit einem Barlöffel umrühren, bis sich die Zutaten gut vermischt haben. Mit ½ Passionsfrucht, 1 Zweig frischer Minze und 2 langen Trinkhalmen garnieren und servieren.

UNSER TIPP

Ein köstliches, besonders bei Frauen beliebtes Getränk, das sich gut für den Abend eignet.

PEPITO COLLINS

GESCHÄTZTER ALKOHOLGEHALT: 12,3
KALORIENGEHALT: 115

(Herstellung: build – im Trinkglas anrichten)

ZUTATEN

4,5 cl (1 ½ oz) Tequila
3 cl (1 oz) Zitronen- oder Limettensaft
2,5 cl (¾ oz) Zuckersirup
6 cl (2 oz) Soda oder Sprudelwasser

ZUBEREITUNG

In einem Jigger nacheinander 4,5 cl (1 ½ oz) Tequila, 3 cl (1 oz) Zitronen- oder Limettensaft, 2,5 cl (¾ oz) Zuckersirup und 6 cl (2 oz) Soda oder Sprudelwasser abmessen und in einen hohen, mit Eis gefüllten Tumbler gießen. Mit einem Barlöffel einige Sekunden lang behutsam umrühren und mit 1 Zitronenscheibe, 3 Cocktailkirschen und 2 langen Trinkhalmen garniert servieren.

UNSER TIPP

Ausgezeichnetes Erfrischungsgetränk, das jederzeit erfreut.

GESCHÄTZTER ALKOHOLGEHALT: 15,8
KALORIENGEHALT: 184

PICK ME UP FROZEN

(Herstellung: blender – im Mixer)

ZUTATEN

3 cl (1 oz) Eierlikör
3 cl (1 oz) Kakaolikör
3 cl (1 oz) Kaffeelikör
50 g (ca.) Fiordilatte- oder Sahneeis

ZUBEREITUNG

In einem Jigger nacheinander 3 cl (1 oz) Eierlikör, 3 cl (1 oz) Kakaolikör und 3 cl (1 oz) Kaffeelikör abmessen und in einen Mixer geben. Die Eiscreme und ½ hohen Tumbler voll Crushed Ice hinzufügen und 15-20 Sekunden lang mixen. In einen niedrigen Tumbler füllen und mit 2 kurzen Trinkhalmen und etwas Kakao bestreut servieren.

UNSER TIPP

Passt perfekt zum Dessert, aber ist auch als Digestif geschätzt.

PINK COLADA

GESCHÄTZTER ALKOHOLGEHALT: 10,6

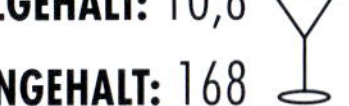
KALORIENGEHALT: 168

(Herstellung: blender – im Mixer)

ZUTATEN

4,5 cl (1 ½ oz) weißer Rum
9 cl (3 oz) Ananassaft
1,5 cl (½ oz) Kokosnusspüree
2,5 cl (¾ oz) Grenadine-Sirup

ZUBEREITUNG

In einem Jigger nacheinander 4,5 cl (1 ½ oz) Rum, 9 cl (3 oz) Ananassaft, 1,5 cl (½ oz) Kokosnusspüree und 2,5 cl (¾ oz) Grenadine abmessen und in einen Mixer geben. ½ hohen Tumbler voll Crushed Ice hinzufügen und 15-20 Sekunden lang mixen. Die Mischung in das Glas füllen und mit ½ Ananasscheibe, 2 Cocktailkirschen und 2 langen Trinkhalmen garnieren.

UNSER TIPP

Ein ausgesprochen energiereicher Drink.

GESCHÄTZTER ALKOHOLGEHALT: 14,9
KALORIENGEHALT: 142

PISCO COLLINS

(Herstellung: shake & strain – schütteln und abseihen)

ZUTATEN

6 cl (2 oz) Pisco
1,5 cl (½ oz) Zuckersirup
3 cl (1 oz) Zitronen- oder Limettensaft
6 cl (2 oz) Soda oder Sprudelwasser

ZUBEREITUNG

In einem Jigger nacheinander 6 cl (2 oz) Pisco, 3 cl (1 oz) Zitronen- oder Limettensaft und 1,5 cl (½ oz) Zuckersirup abmessen und in einen Shaker geben. Ein paar Eiswürfel hinzufügen und einige Sekunden lang kräftig schütteln. Durch ein Barsieb, mit dem das Eis im Shaker zurückgehalten wird, in einen hohen, mit Eis gefüllten Tumbler abseihen und mit 6 cl (2 oz) Soda oder Sprudelwasser auffüllen. Mit einem Barlöffel umrühren und vor dem Servieren mit einer halben Zitronenscheibe, 2 Cocktailkirschen und 2 langen Trinkhalmen garnieren.

UNSER TIPP

Ein erfrischender Drink.

PISCO PASSION

(Herstellung: shake & strain – schütteln und abseihen)

GESCHÄTZTER ALKOHOLGEHALT: 12,8

KALORIENGEHALT: 180

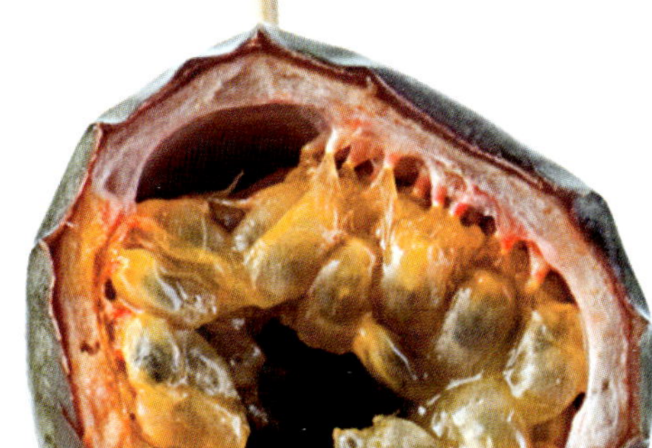

ZUTATEN

3 cl (1 oz) Pisco
3 cl (1 oz) Passoa
3 cl (1 oz) Zitronen- oder Limettensaft
1 Passionsfrucht
1,5 cl (½ oz) Passionsfruchtpüree

ZUBEREITUNG

In einem Jigger nacheinander 3 cl (1 oz) Pisco, 3 cl (1 oz) Zitronen- oder Limettensaft, 3 cl (1 oz) Passoa und 1,5 cl (½ oz) Passionsfruchtpüree abmessen und in einen Shaker gießen. Eiswürfel sowie das Fruchtfleisch von ½ Passionsfrucht hinzufügen und einige Sekunden lang schütteln. Durch ein Barsieb, mit dem das Eis im Shaker zurückgehalten wird, in ein im Gefrierfach vorgekühltes Cocktailglas abseihen. Mit der restlichen Passionsfrucht garnieren.

UNSER TIPP

Der ideale Drink für ein romantisches Treffen und auch als Digestif ist er beliebt.

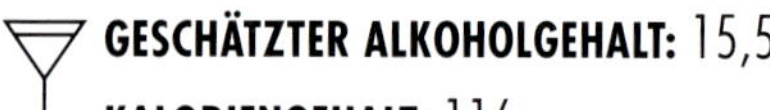
GESCHÄTZTER ALKOHOLGEHALT: 15,5
KALORIENGEHALT: 116

PISCO SOUR

(Herstellung: shake & strain – schütteln und abseihen)

ZUTATEN

4,5 cl (1 ½ oz) Pisco
2,5 cl (¾ oz) Zitronen- oder Limettensaft
1,5 (½ oz) Zuckersirup

ZUBEREITUNG

In einem Jigger nacheinander 4,5 cl (1 ½ oz) Pisco, 2,5 cl (¾ oz) Zitronen- oder Limettensaft und 1,5 cl (½ oz) Zuckersirup abmessen und in einen Shaker gießen. Mehrere Eiswürfel hinzufügen und einige Sekunden lang kräftig schütteln. Durch ein Barsieb, mit dem das Eis im Shaker zurückgehalten wird, in ein im Gefrierfach vorgekühltes Cocktailglas abseihen und servieren.

UNSER TIPP

Ausgezeichneter Digestif, der auch als Abendgetränk gut ankommt.

PISCO SUNRISE

GESCHÄTZTER ALKOHOLGEHALT: 16,2
KALORIENGEHALT: 184

(Herstellung: build – im Trinkglas anrichten)

ZUTATEN

6 cl (2 oz) Pisco
9 cl (3 oz) Orangensaft
2,5 cl (¾ oz) Grenadine-Sirup

ZUBEREITUNG

Nacheinander 6 cl (2 oz) Pisco und 9 cl (3 oz) Orangensaft in einem Jigger abmessen und in einen hohen, mit Eis gefüllten Tumbler gießen. Einige Sekunden lang mit einem Barlöffel umrühren. 2,5 cl (¾ oz) Grenadine in dem Jigger abmessen und über den Rand des Löffels langsam zum Boden des Glases sinken lassen. Dabei entsteht ein Bild, das an eine aufgehende Sonne erinnert. Mit 2 Orangenscheiben, 2 Cocktailkirschen und 2 langen Trinkhalmen garniert servieren.

UNSER TIPP

Perfekt für den ganzen Tag, aber wirklich toll für die heißesten Stunden des Tages.

GESCHÄTZTER ALKOHOLGEHALT: 14,8
KALORIENGEHALT: 162

PISCOLA

(Herstellung: build – im Trinkglas anrichten)

ZUTATEN

6 cl (2 oz) Pisco
12 cl (4 oz) Cola

ZUBEREITUNG

12 cl (4 oz) Cola in einem Jigger abmessen und in einen hohen, mit Eis gefüllten Tumbler gießen. 6 cl (2 oz) Pisco über den Rand eines Barlöffels so in das Glas gleiten lassen, dass er auf der Oberfläche schwimmen bleibt. Mit 2 langen Trinkhalmen garniert servieren.

UNSER TIPP

Der Cocktail erfreut besonders an heißen Tagen.

PUFFO ICE

(Herstellung: blender – im Mixer)

ALKOHOLGEHALT: 0
KALORIENGEHALT: 260

ZUTATEN

9 cl (3 oz) Milch
100 g (ca.) Fiordilatte-Eiscreme
2,5 cl (¾ oz) alkoholfreier Blue-Curaçao-Sirup

ZUBEREITUNG

In einem Jigger nacheinander 9 cl (3 oz) Milch und 2,5 cl (¾ oz) Blue-Curaçao-Sirup abmessen und in einen Mixer geben. Ca. 100 g Fiordilatte-Eis und ½ niedrigen Tumbler voll Crushed Ice hinzufügen. 15 Sekunden lang mixen und in einen hohen Tumbler füllen. Mit 2 langen Trinkhalmen servieren.

UNSER TIPP

Ein schöner alkoholfreier Longdrink, an dem auch die Kleinsten ihre Freude haben.

GESCHÄTZTER ALKOHOLGEHALT: 15,8
KALORIENGEHALT: 480

SABBIA D'ORIENTE

(Herstellung: blender – im Mixer)

ZUTATEN

3 cl (1 oz) Kaffeelikör
6 cl (2 oz) Baileys
100 g (ca.) Fiordilatte- oder Sahneeiscreme

ZUBEREITUNG

Nacheinander 6 cl (2 oz) Baileys und 3 cl (1 oz) Kaffeelikör in einem Jigger abmessen und in einen Mixer geben. Ca. 100 g Sahne- oder Fiordilatteeis und ½ niedrigen Tumbler voll Crushed Ice hinzufügen. 15-20 Sekunden lang mixen und in einen hohen Tumbler füllen. Mit etwas Kakao bestäubt und mit 2 langen Trinkhalmen garniert servieren.

UNSER TIPP

Ein köstliches Dessertgetränk.

SHERRY POLITAN

GESCHÄTZTER ALKOHOLGEHALT: 8,9
KALORIENGEHALT: 96

(Herstellung: shake & strain – schütteln und abseihen)

ZUTATEN

3 cl (1 oz) trockener Sherry
2,5 cl (¾ oz) Cointreau oder Triple Sec
1,5 cl (½ oz) Zitronen- oder Limettensaft
3 cl (1 oz) Cranberrysaft

ZUBEREITUNG

In einem Jigger nacheinander 3 cl (1 oz) trockenen Sherry, 2,5 cl (¾ oz) Cointreau oder Triple Sec, 1,5 cl (½ oz) Zitronen- oder Limettensaft und 3 cl (1 oz) Cranberrysaft abmessen und in einen Shaker geben. Eiswürfel hinzufügen und einige Sekunden lang kräftig schütteln. Durch ein Barsieb, mit dem das Eis im Shaker zurückgehalten wird, in ein im Gefrierfach vorgekühltes Cocktailglas abseihen und mit einer Johannisbeertraube garnieren.

UNSER TIPP

Ein ausgefallener Digestif, der auch sonst jederzeit erfreut.

GESCHÄTZTER ALKOHOLGEHALT:
8,9

KALORIENGEHALT:
192

SPRITZ MOJITO

(Herstellung: mit einem muddler – Stößel)

ZUTATEN

6 cl (2 oz) Aperol
¼ frische Orange
20 g (ca.) weißer Zucker oder Rohrzucker
6 cl (2 oz) Sekt brut
7 g (ca.) frische Minze
1,5 cl (½ oz) Soda oder Sprudelwasser

ZUBEREITUNG

Ein in Würfel geschnittenes Viertel einer Orange und etwa 20 g Zucker in einen hohen Tumbler geben und mit einem Stößel zu einer Paste zerstoßen. Ca. 7 g Minze hinzufügen und leicht andrücken. Mit Crushed Ice oder Eiswürfeln auffüllen. In einem Jigger nacheinander 6 cl (2 oz) Aperol, 6 cl (2 oz) frischen Sekt und 1,5 cl (½ oz) Soda oder Sprudelwasser abmessen und hinzufügen. Mit einem Barlöffel umrühren, bis die Zutaten gut vermischt sind. Mit 1 Orangenscheibe, 1 Zweig frischer Minze und 2 langen Trinkhalmen garniert servieren.

UNSER TIPP

Hervorragender Digestif, der auch den Abend über gern genossen wird.

STRAWBERRY CAIPIROSKA

(Herstellung: mit einem muddler – Stößel)

GESCHÄTZTER ALKOHOLGEHALT: 16,5
KALORIENGEHALT: 216

ZUTATEN

6 cl (2 oz) trockener Wodka
3-4 Frische Erdbeeren
½ Limette
20 g (ca.) weißer Zucker oder Rohrzucker
2,5 cl (¾ oz) Erdbeerpüree

ZUBEREITUNG

Eine in Würfel geschnittene halbe Limette in einen niedrigen Tumbler geben. Ca. 20 g Zucker, 2,5 cl Erdbeerpüree und 3-4 frische Erdbeeren hinzufügen. Mit einem Stößel zu einer Paste zerstoßen und Crushed Ice hinzufügen. In einem Jigger 6 cl (2 oz) trockenen Wodka abmessen und dazugeben. Die Zutaten einige Sekunden lang mit einem Barlöffel verrühren, bis sie sich gut vermischt haben. Mit ein paar frischen Erdbeeren und 2 kurzen Trinkhalmen garniert servieren.

UNSER TIPP

Besonders von jungen Leuten als tolles Getränk zur Happy Hour geschätzt.

GESCHÄTZTER ALKOHOLGEHALT: 16,6
KALORIENGEHALT: 273

STRAWBERRY DAIQUIRI ICE

(Herstellung: blender – im Mixer)

ZUTATEN

6 cl (2 oz) weißer Rum
100 g (ca.) Zitroneneis
3 cl (1 oz) Zuckersirup
5-6 frische Erdbeeren
1,5 cl (½ oz) Zitronen- oder Limettensaft

ZUBEREITUNG

In einem Jigger nacheinander 6 cl (2 oz) Rum, 3 cl (1 oz) Zuckersirup und 1,5 cl (½ oz) Zitronen- oder Limettensaft abmessen und in einen Mixer geben. Ca. 100 g Zitroneneis, 5-6 frische Erdbeeren und ½ niedrigen Tumbler voll Crushed Ice hinzufügen. 15-20 Sekunden lang mixen und in einen hohen Tumbler füllen. Mit 2 schönen Erdbeeren und 2 langen Trinkhalmen garniert servieren.

UNSER TIPP

Ausgezeichneter Digestif, wird auch sonst tagsüber gern getrunken.

STRAWBERRY MARGARITA FROZEN

GESCHÄTZTER ALKOHOLGEHALT: 10,2
KALORIENGEHALT: 122

(Herstellung: blender – im Mixer)

ZUTATEN

4,5 cl (1 ½ oz) klarer Tequila
2,5 cl (¾ oz) Cointreau oder Triple Sec
1,5 cl (½ oz) Zitronen- oder Limettensaft
3 cl (1 oz) Erdbeerpüree
3-4 frische Erdbeeren

ZUBEREITUNG

In einem Jigger nacheinander 4,5 cl (1 ½ oz) Tequila, 2,5 cl (¾ oz) Cointreau oder Triple Sec, 1,5 cl (½ oz) Zitronen- oder Limettensaft und 3 cl (1 oz) Erdbeerpüree abmessen und in einen Mixer geben. 3-4 frische Erdbeeren sowie 1 hohen Tumbler voll Crushed Ice hinzufügen und 15-20 Sekunden lang mixen. In einen niedrigen Tumbler gießen, mit einigen frischen Erdbeeren und 2 langen Trinkhalmen garnieren.

UNSER TIPP

Ein hervorragendes Erfrischungsgetränk, zu jeder Gelegenheit ein Highlight.

SWEET DREAM

(Herstellung: shake & strain – schütteln und abseihen)

ZUTATEN

4,5 cl (1 ½ oz) trockener Wermut
4,5 cl (1 ½ oz) Orangensaft
1,5 cl (½ oz) Grand Marnier

ZUBEREITUNG

In einem Jigger nacheinander 4,5 cl (1 ½ oz) trockenen Wermut, 4,5 cl (1 ½ oz) Orangensaft und 1,5 cl (½ oz) Grand Marnier abmessen und in einen Shaker geben. Eiswürfel hinzufügen und einige Sekunden lang schütteln. Durch ein Barsieb, mit dem das Eis im Shaker zurückgehalten wird, in eine im Gefrierfach vorgekühltes Cocktailglas abseihen. 4 Cocktailkirschen auf einem Partyspieß als Garnierung hinzufügen und servieren.

UNSER TIPP

Ein besonders aromatischer Aperitif, der aber auch zu jeder anderen Zeit des Tages erfreut.

GESCHÄTZTER ALKOHOLGEHALT: 10,6
KALORIENGEHALT: 64

SWEET WATERMELON

(Herstellung: build – im Trinkglas anrichten)

ZUTATEN

3 cl (1 oz) Brachetto (süßer Rotwein)
3 cl (1 oz) Biancosarti (ital. Likör aus Kräutern, Gewürzen und Blumen)
3 cl (1 oz) Soda oder Sprudelwasser

ZUBEREITUNG

In einem Jigger nacheinander 3 cl (1 oz) Brachetto und 3 cl (1 oz) Biancosarti abmessen und in ein mit Eis gefülltes Weinglas gießen. Das Glas bis knapp unter den Rand mit 3 cl (1 oz) Soda oder Sprudelwasser auffüllen und mit einem Barlöffel behutsam umrühren. Wassermelonenstücke auf einen Partyspieß stecken und als Garnierung hinzufügen.

UNSER TIPP

Ein ausgezeichneter Aperitif, der auch tagsüber immer gerne genossen wird.

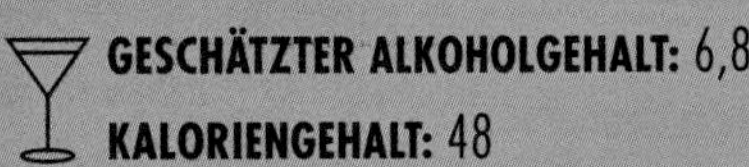
GESCHÄTZTER ALKOHOLGEHALT: 6,8
KALORIENGEHALT: 48

GESCHÄTZTER ALKOHOLGEHALT: 7,6
KALORIENGEHALT: 78

TEQUILA BUM BUM

(Herstellung: build – im Trinkglas anrichten)

ZUTATEN

3 cl (1 oz) Tequila
3 cl (1 oz) klares kohlensäurehaltiges Getränk (Limonade, Tonic Water, Soda o. Ä.)

ZUBEREITUNG

Nacheinander 3 cl (1 oz) Tequila und 3 cl (1 oz) eines klaren kohlensäurehaltigen Getränks in einem Jigger abmessen und in ein Shooter-Glas mit dickem Boden gießen. Das Glas oben mit einem Papiertuch o. Ä. abdecken, 2-3 Mal kräftig auf eine widerstandsfähige Oberfläche klopfen und dann servieren.

UNSER TIPP

Hervorragend zum Abschluss einer Mahlzeit oder eines Abends.

TEQUILA PUERTO VALLARTA

(Herstellung: build – im Trinkglas anrichten)

GESCHÄTZTER ALKOHOLGEHALT: 13,8

KALORIENGEHALT: 152

ZUTATEN

6 cl (2 oz) Tequila
9 cl (3 oz) Orangensaft
2,5 cl (¾ oz) Limetten- oder Zitronensaft
1,5 cl (½ oz) Grenadine-Sirup

ZUBEREITUNG

In einem Jigger nacheinander 6 cl (2 oz) Tequila, 9 cl (3 oz) Orangensaft, 2,5 cl (¾ oz) Limetten- oder Zitronensaft und 1,5 cl (½ oz) Grenadine abmessen und in einen hohen, mit Eis gefüllten Tumbler gießen. Mit einem Barlöffel umrühren und mit 1 Limettenspalte, 1 Cocktailkirsche und 2 langen Trinkhalmen garniert servieren.

UNSER TIPP

Ein erfrischendes, jederzeit passendes Getränk.

GESCHÄTZTER ALKOHOLGEHALT: 20,8
KALORIENGEHALT: 267

TESTAROSSA ICE

(Herstellung: blender – im Mixer)

ZUTATEN

4,5 cl (1 ½ oz) trockener Wodka
4,5 cl (1 ½ oz) Bitter (unsere Empfehlung: Campari Bitter)
100 g (ca.) Erdbeereis

ZUBEREITUNG

In einem Jigger nacheinander 4,5 cl (1 ½ oz) trockenen Wodka und 4,5 cl (1 ½ oz) Bitter abmessen und in einen Mixer geben. Ca. 100 g Erdbeereis und ½ niedrigen Tumbler voll Crushed Ice hinzufügen. 15-20 Sekunden lang mixen und in einen hohen Tumbler füllen. Mit 2 Erdbeeren und 2 langen Trinkhalmen garnieren und servieren.

UNSER TIPP

Bestens geeignet als Aperitif.

TOMMY'S MARGARITA

GESCHÄTZTER ALKOHOLGEHALT: 10,2
KALORIENGEHALT: 122

(Herstellung: shake & strain – schütteln und abseihen)

ZUTATEN

6 cl (2 oz) klarer Tequila
2,5 cl (¾ oz) Zitronen- oder Limettensaft
1,5 cl (½ oz) Agavendicksaft

ZUBEREITUNG

In einem Jigger nacheinander 6 cl (2 oz) klaren Tequila, 2,5 cl (¾ oz) Zitronen- oder Limettensaft und 1,5 cl (½ oz) Agavendicksaft abmessen und in einen Shaker geben. Mehrere Eiswürfel hinzufügen und einige Sekunden lang kräftig schütteln. Durch ein Barsieb, mit dem das Eis im Shaker zurückgehalten wird, in ein im Gefrierfach vorgekühltes Cocktailglas abseihen und servieren.

UNSER TIPP

Ein großartiges Getränk, das jederzeit gern getrunken wird.

GESCHÄTZTER ALKOHOLGEHALT: 18,6
KALORIENGEHALT: 196

TORO LOCO

(Herstellung: build – im Trinkglas anrichten)

Die New Yorker Bar Coyote Ugly *verfügt über zwei Trümpfe: die aufreizenden Tänze, mit denen die Bardamen Schwung in die Bar bringen, und der Drink* Toro Loco, *der erfolgreich über die Theke geht. Dank ihrer Arbeit in der Bar überwindet die aufstrebende Sängerin und Songwriterin Violet (Piper Perabo) nicht nur ihr Lampenfieber, sondern findet auch zur Liebe. Der Film kam im Jahr 2000 heraus und machte diesen Drink weltweit bekannt.*

ZUTATEN

4,5 cl (1 ½ oz) Mezcal
4,5 cl (1 ½ oz) Kaffeelikör

ZUBEREITUNG

Nacheinander 4,5 cl (1 ½ oz) Mezcal und 4,5 cl (1 ½ oz) Kaffeelikör in einem Jigger abmessen und in einen niedrigen, mit Eis gefüllten Tumbler gießen. Mit einem Barlöffel umrühren und mit 2 kurzen Trinkhalmen garniert servieren.

UNSER TIPP

Ein hervorragender Digestif, der vor allem bei den männlichen Gästen gut ankommt.

TROPICAL ICE

ALKOHOLGEHALT: 0
KALORIENGEHALT: 308

(Herstellung: blender – im Mixer)

ZUTATEN

2,5 cl (¾ oz) Minzsirup
1,5 cl (½ oz) Mandelsirup
100 g (ca.) Fiordilatte-Eiscreme
6 cl (2 oz) Milch

ZUBEREITUNG

In einem Jigger nacheinander 6 cl (2 oz) Milch, 2,5 cl (¾ oz) Minzsirup und 1,5 cl (½ oz) Mandelsirup abmessen und in einen Mixer geben. Ca. 100 g Fiordilatte- Eiscreme und ½ niedrigen Tumbler voll Crushed Ice hinzufügen. 15-20 Sekunden lang mixen und in einen hohen Tumbler füllen. Mit 1 Zweig frischer Minze und 2 langen Trinkhalmen garniert servieren.

UNSER TIPP

Ein ausgezeichnetes Erfrischungsgetränk, auch für Kinder gut geeignet.

GESCHÄTZTER ALKOHOLGEHALT: 13,8
KALORIENGEHALT: 173

VICTORIAN MOJITO

(Herstellung: mit einem muddler – Stößel)

ZUTATEN

4,5 cl (1 ½ oz) Gin
½ Limette
20 g (ca.) weißer Zucker oder Rohrzucker
7 g (ca.) frische Minze
6 cl (2 oz) Sekt brut

ZUBEREITUNG

Eine in Würfel geschnittene halbe Limette und etwa 20 g Zucker in einen hohen Tumbler geben und mit einem Stößel zu einer Paste zerstoßen. 7 g (ca.) frische Minzblätter hinzufügen und leicht andrücken. Mit Crushed Ice oder Eiswürfeln auffüllen. 4,5 cl (1 ½ oz) Gin in einem Jigger abmessen und hinzufügen. Mit gekühltem Sekt brut bis knapp unter den Rand des Glases auffüllen und mit einem Barlöffel umrühren, um die Zutaten gut zu vermischen. Mit 1 Zweig frischer Minze und 2 langen Trinkhalmen garniert servieren.

UNSER TIPP

Hervorragender Digestif, aber wird auch gern den Abend über genossen.

VODKA SOUR PASSION

(Herstellung: shake & strain – schütteln und abseihen)

GESCHÄTZTER ALKOHOLGEHALT: 14,4

KALORIENGEHALT: 143

ZUTATEN

3 cl (1 oz) trockener Wodka
2,5 cl (¾ oz) Zitronen- oder Limettensaft
2,5 cl (¾ oz) Passoa
1,5 cl (½ oz) Passionsfruchtpüree

ZUBEREITUNG

In einem Jigger nacheinander 3 cl (1 oz) trockenen Wodka, 2,5 cl (¾ oz) Zitronen- oder Limettensaft, 2,5 cl (¾ oz) Passoa und 1,5 cl (½ oz) Passionsfruchtpüree abmessen und in einen Shaker geben. Eiswürfel hinzufügen, einige Sekunden lang schütteln und über ein Barsieb in ein im Gefrierfach vorgekühltes Cocktailglas abseihen – das Eis bleibt dabei im Shaker zurück. Fertig zum Servieren.

UNSER TIPP

Dem Digestif, der vor allem bei jungen Leuten zum Abspannen und für gesellige Abende beliebt ist, wird auch eine aphrodisierende Wirkung nachgesagt.

HOT DRINKS & COFFEE

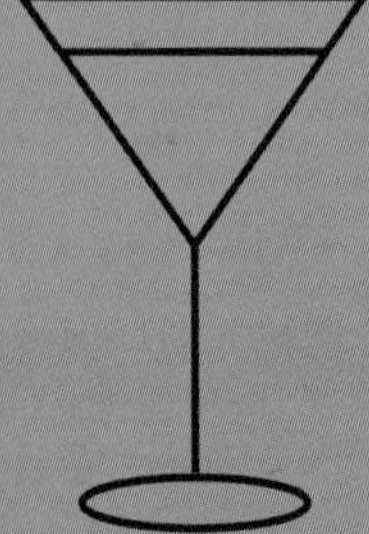

Kaffee ist schon ziemlich lange bekannt, aber keiner weiß so genau, wo seine Ursprünge liegen. Eine weit verbreitete Legende besagt, dass er um 850 n. Chr. in Äthiopien, Region Kaffa, zufällig von einem Hirten namens Kaldi entdeckt wurde. Beim Grasen begannen seine Ziegen, Blätter von Sträuchern zu fressen, mit denen der Mann gerade ein Feuer anzünden wollte. Nachts bemerkte Kaldi, dass die Tiere auffällig unruhig waren. Der Hirte führte dies auf die roten Beeren der Pflanze zurück. Also röstete er sie über einem Feuer und mahlte sie dann für einen Aufguss.
Von da an war die Verbreitung des Kaffees nicht mehr aufzuhalten, und bereits im 15. Jahrhundert sollen einige Klöster im heutigen Jemen einfache Kaffeestuben eingerichtet haben.
Ab dem 16. Jahrhundert verbreitete sich das Getränk im gesamten Nahen Osten und Nordafrika und gelangte später über das Osmanische Reich auch nach Europa.
Um 1720 landeten die ersten Kaffeepflanzen in der französischen Kolonie Martinique, aber ein eigentlicher Plantagenanbau breitete sich erst 1927 auf Brasilien aus, dem heute größten Kaffeeexporteur der Welt.
Auf der Getränke-Beliebtheitsskala steht Kaffee heute weltweit an zweiter Stelle, er hat so gut wie keine Kalorien, auch ist er, was kaum einer weiß, an der Börse notiert. Seine unbegrenzte Variationsmöglichkeit hat ihn zu einem Spitzenprodukt in Cafés und Konditoreien gemacht und neuerdings reüssiert er auch in der Küche.
Er verfügt über eine hervorragende anregende Wirkung, wenn er heiß mit verschiedenen Spirituosen kombiniert wird. Das markanteste Beispiel ist der Irish Coffee, der 1943 von Joe Sheridan, Küchenchef eines am Flughafen Foynes gelegenen irischen Restaurants, kreiert wurde.
Immer häufiger wird Kaffee in faszinierenden Mischungen auch für Kaltgetränke verwendet, aus denen der muntermachende brasilianische Batida und der im letzten Jahrzehnt als Neuheit aufgekommene Espresso Martini hervorstechen.
Wie bereits erwähnt, erfährt Kaffee dank ausgefallener und raffinierter Rezepte auch in der Küche eine stetig wachsende Aufmerksamkeit, so vor allem bei Wild- und Rotfleischgerichten.

CARIBBEAN COFFEE

(Herstellung: build – im Trinkglas anrichten)

ZUTATEN

4,5 cl (1 ½ oz) brauner Rum
2,5 cl (¾ oz) Kaffeelikör
9 cl (3 oz) heißer Kaffee
20 g (ca.) weißer Zucker oder Rohrzucker
6 cl (2 oz) Sahne

ZUBEREITUNG

In einem Jigger nacheinander 4,5 cl (1 ½ oz) Rum und 2,5 cl (¾ oz) Kaffeelikör abmessen und in einen kleinen Milchtopf gießen. Mit ca. 20 g Zucker und 9 cl (3 oz) heißem Kaffee auffüllen. Die Mischung unter gelegentlichem Rühren erhitzen, wobei darauf zu achten ist, dass eine Temperatur von 70 Grad nicht überschritten wird. In ein hitzebeständiges Trinkgefäß füllen. 6 cl (2 oz) Sahne im Jigger abmessen und kurz vor dem Servieren behutsam über den Rand eines Barlöffels in das Trinkgefäß gleiten lassen, ohne dass sie sich mit dem Übrigen vermischt.

UNSER TIPP

In der kalten Jahreszeit wird das Getränk wegen seiner stärkenden Wirkung besonders geschätzt.

GESCHÄTZTER ALKOHOLGEHALT: 16,4
KALORIENGEHALT: 230

FRENCH COFFEE

(Herstellung: build – im Trinkglas anrichten)

ZUTATEN

4,5 cl (1 ½ oz) Cognac
2,5 cl (¾ oz) Kaffeelikör
20 g (ca.) weißer Zucker oder Rohrzucker
9 cl (3 oz) heißer Kaffee
6 cl (2 oz) Sahne

ZUBEREITUNG

4,5 cl (1 ½ oz) Cognac und 2,5 cl (¾ oz) Kaffeelikör in einem Jigger abmessen und in einen kleinen Milchtopf gießen. 9 cl (3 oz) heißen Kaffee und ca. 20 g Zucker hinzufügen. Die Mischung unter gelegentlichem Rühren erhitzen, wobei darauf zu achten ist, dass eine Temperatur von 70 Grad nicht überschritten wird. In ein hitzebeständiges Trinkgefäß füllen. 6 cl (2 oz) Sahne in einem Jigger abmessen und kurz vor dem Servieren behutsam über den Rand eines Barlöffels in das Trinkgefäß gleiten lassen, ohne dass sich die Sahne mit dem Übrigen vermischt.

UNSER TIPP

Idealer Begleiter zum Wintersport: Nach Wanderungen in den Bergen oder dem Skilauf auf der Piste werden Sie das stärkende, belebende und energiespendende Heißgetränk sehr zu schätzen wissen.

GESCHÄTZTER ALKOHOLGEHALT: 15,8
KALORIENGEHALT: 226

GESCHÄTZTER ALKOHOLGEHALT: 13,6
KALORIENGEHALT: 186

GROG

(Herstellung: build – im Trinkglas anrichten)

BIS ANS ENDE DER WELT

Die belebenden und gesundheitsfördernden Eigenschaften dieses berühmten Heißgetränks waren bereits zur Zeit der Napoleonischen Kriege bekannt. Der Offiziersbursche von Captain Jack Aubrey (Russell Crowe) jedenfalls legt in einer Sequenz von Master and Commander *(2003) seinem Vorgesetzten nahe, „zu einer Einladung niemals Wein, sondern eher Grog mitzubringen".*

ZUTATEN

4,5 cl (1 ½ oz) brauner Rum
20 g (ca.) weißer Zucker oder Rohrzucker
6 cl (2 oz) stilles Mineralwasser
kleingeschnittene Zitronenwürfel
kleingeschnittene Orangenwürfel
Nelken
Zimt

ZUBEREITUNG

In einem Jigger nacheinander 4,5 cl (1 ½ oz) braunen Rum und 6 cl (2 oz) natürliches Mineralwasser abmessen und in einen kleinen Milchtopf gießen. 5-6 Nelken, 3 Zitronenwürfel, 3 Orangenwürfel, 1 Zimtstange und ca. 20 g Zucker hinzufügen. Unter gelegentlichem Rühren erhitzen, wobei darauf zu achten ist, dass eine Temperatur von 70 Grad nicht überschritten wird. In einem hitzebeständigen Trinkgefäß servieren.

UNSER TIPP

Ein beliebtes Stärkungsmittel. Hilft hervorragend bei Magenbeschwerden.

GROLLA-VALDOSTANA

GESCHÄTZTER ALKOHOLGEHALT: 18,9
KALORIENGEHALT: 280

(Herstellung: build – im Trinkglas anrichten)

ZUTATEN

4,5 cl (1 ½ oz) klarer Grappa
2,5 cl (¾ oz) Genepy-Alpenkräuterlikör (wahlweise)
6 cl (2 oz) Rotwein
6 cl (2 oz) Kaffee
20 g (ca.) weißer Zucker oder Rohrzucker
4-5 Nelken
2-3 Zitronenschalen
2-3 Orangenschale
5-6 Wacholderbeeren
2,5 cl (¾ oz) Orangenpunsch, Cointreau oder Triple Sec

ZUBEREITUNG

In einem Jigger nacheinander 4,5 cl (1 ½ oz) klaren Grappa, 6 cl (2 oz) Rotwein, 2,5 cl (¾ oz) Genepy und 2,5 cl (¾ oz) Orangenpunsch oder Cointreau oder Triple Sec sowie 6 cl (2 oz) Kaffee abmessen und in einen kleinen Milchtopf gießen. Etwa 20 g Zucker, 4-5 Nelken, 2-3 Zitronenschalen, 2-3 Orangenschalen und 5-6 Wacholderbeeren hinzufügen. Die Mischung unter gelegentlichem Rühren erhitzen, wobei darauf zu achten ist, dass eine Temperatur von 70 Grad nicht überschritten wird. In ein hitzebeständiges Trinkgefäß füllen und servieren.

UNSER TIPP

Besonders angesagt für das gesellige Zusammensein von Freunden und Familie an langen Winterabenden.

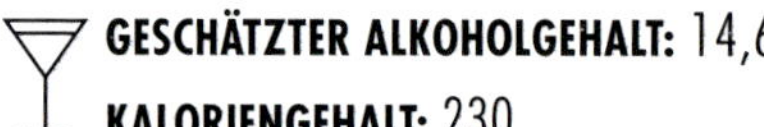
GESCHÄTZTER ALKOHOLGEHALT: 14,6
KALORIENGEHALT: 230

IRISH COFFEE

(Herstellung: build – im Trinkglas anrichten)

ZUTATEN

4,5 cl (1 ½ oz) irischer Whiskey
9 cl (3 oz) heißer Kaffee
20 g (ca.) weißer Zucker oder Rohrzucker
3 cl (1 oz) Sahne

ZUBEREITUNG

4,5 cl (1 ½ oz) irischen Whiskey in einem Jigger abmessen und in einen kleinen Milchtopf geben. 9 cl (3 oz) heißen Kaffee und ca. 20 g Zucker hinzufügen. Die Mischung unter gelegentlichem Rühren erhitzen, wobei darauf zu achten ist, dass eine Temperatur von 70 Grad nicht überschritten wird. In ein hitzebeständiges Trinkgefäß füllen. 3 cl (1 oz) leicht geschlagene Sahne in einem Jigger abmessen und kurz vor dem Servieren behutsam über den Rand eines Barlöffels in das Trinkgefäß gleiten lassen, ohne dass sie sich mit dem Übrigen vermischt.

UNSER TIPP

Ein stärkendes und belebendes Allheilmittel.

ITALIAN COFFEE

(Herstellung: build – im Trinkglas anrichten)

ZUTATEN

4,5 cl (1 ½ oz) klarer Grappa
20 g (ca.) weißer Zucker oder Rohrzucker
6 cl (2 oz) Kaffee
6 cl (2 oz) Sahne

ZUBEREITUNG

4,5 cl (1 ½ oz) klaren Grappa in einem Jigger abmessen und in einen kleinen Milchtopf gießen. Mit ca. 20 g Zucker und 6 cl (2 oz) Kaffee auffüllen. Die Mischung unter gelegentlichem Rühren erhitzen, wobei darauf zu achten ist, dass eine Temperatur von 70 Grad nicht überschritten wird. In ein hitzebeständiges Trinkgefäß füllen. 6 cl (2 oz) Sahne in einem Jigger abmessen und kurz vor dem Servieren behutsam über den Rand eines Barlöffels in das Trinkgefäß gleiten lassen, ohne dass sich die Sahne mit dem Übrigen vermischt.

UNSER TIPP

Tolles belebendes Getränk.

GESCHÄTZTER ALKOHOLGEHALT: 14,3
KALORIENGEHALT: 236

MEXICAN COFFEE

(Herstellung: build – im Trinkglas anrichten)

ZUTATEN

4,5 cl (1 ½ oz) Tequila
2,5 cl (¾ oz) Kaffeelikör
9 cl (3 oz) heißer Kaffee
20 g (ca.) weißer Zucker oder Rohrzucker
6 cl (2 oz) Sahne

ZUBEREITUNG

4,5 cl (1 ½ oz) Tequila in einem Jigger abmessen und in einen kleinen Milchtopf gießen, 2,5 cl (¾ oz) Kaffeelikör, ca. 20 g Zucker und 9 cl (3 oz) heißen Kaffee dazugeben. Die Mischung unter gelegentlichem Rühren erhitzen, wobei darauf zu achten ist, dass eine Temperatur von 70 Grad nicht überschritten wird. In ein hitzebeständiges Trinkgefäß füllen. 6 cl (2 oz) Sahne in dem Jigger abmessen und kurz vor dem Servieren behutsam über den Rand eines Barlöffels in das Trinkgefäß gleiten lassen, ohne dass sich die Sahne mit dem Übrigen vermischt.

UNSER TIPP

Ein Heißgetränk mit kräftigem Geschmack, perfekt für die kältesten Tage des Jahres.

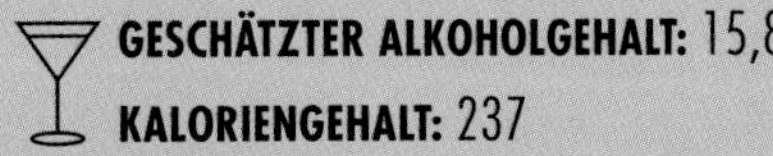

GESCHÄTZTER ALKOHOLGEHALT: 15,8
KALORIENGEHALT: 237

GESCHÄTZTER ALKOHOLGEHALT: 16,6
KALORIENGEHALT: 265

SUPER VIN BRÛLÉ (GLÜHWEIN)

(Herstellung: build – im Trinkglas anrichten)

ZUTATEN

9 cl (3 oz) Rotwein
4,5 cl (1 ½ oz) Weinbrand oder Cognac
20 g (ca.) weißer Zucker oder Rohrzucker
2 Zitronenschalen
2 Orangenschalen
5 Nelken
2 Zimtstangen

ZUBEREITUNG

In einem Jigger nacheinander 9 cl (3 oz) Rotwein und 4,5 cl (1 ½ oz) Brandy oder Cognac abmessen und in einen kleinen Milchtopf gießen. Etwa 20 g Zucker, 2 Zitronenschalen, 2 Orangenschalen, 5 Nelken und 2 Zimtstangen hinzufügen. Die Mischung unter gelegentlichem Rühren erhitzen, wobei darauf zu achten ist, dass eine Temperatur von 70 Grad nicht überschritten wird. In einem hitzebeständigen Trinkgefäß servieren.

UNSER TIPP

Ein Aufwärm-Drink, der auch bei Erkältungssymptomen als wohltuend empfunden wird.

IST DAS LEBEN NICHT SCHÖN?

Frank Capra drehte 1946 dieses Weihnachtsmärchen, in dem es darum geht, George Bailey (James Stewart), der sich am Abend des 24. Dezember das Leben nehmen will, zu retten. In dem Film bestellt der Schutzengel des Mannes einen Glühwein, um sich aufzuwärmen. Seitdem sind It's a wonderful life *und Glühwein in den Vereinigten Staaten zum Inbegriff von Weihnachtsfilm und -cocktail geworden.*

GESCHÄTZTER ALKOHOLGEHALT: 11,3
KALORIENGEHALT: 224

BATIDA DE CAFÉ

(Herstellung: blender – im Mixer)

ZUTATEN

4,5 cl (1 ½ oz) Cachaça
2,5 cl (¾ oz) Kaffeelikör
6 cl (2 oz) Kaffee
3 cl (1 oz) Zuckersirup
20 g (ca.) weißer Zucker oder Rohrzucker

ZUBEREITUNG

In einem Jigger nacheinander 4,5 cl (1 ½ oz) Cachaça, 2,5 cl (¾ oz) Kaffeelikör und 3 cl (1 oz) Zuckersirup abmessen und in einen Mixer geben. Dann 6 cl (2 oz) zimmerwarmen Kaffee, etwa 20 g Zucker und ½ hohen Tumbler voll Crushed Ice hinzufügen. Das Ganze 15-20 Sekunden lang mixen, in den Tumbler gießen und mit 2 langen Trinkhalmen und etwas Kaffeepulver garniert servieren.

UNSER TIPP

Ein ideales Abendgetränk.

ESPRESSAMENTE GRECO

GESCHÄTZTER ALKOHOLGEHALT: 8,9
KALORIENGEHALT: 92

(Herstellung: shake & strain – schütteln und abseihen)

ZUTATEN

3 cl (1 oz) Samos Likörwein
1,5 cl (½ oz) Kaffeelikör
1,5 cl (½ oz) Amarettosirup
3 cl (1 oz) Kaffee

ZUBEREITUNG

In einem Jigger nacheinander 3 cl (1 oz) Samos Likörwein, 3 cl (1 oz) Kaffee, 1,5 cl (½ oz) Kaffeelikör und 1,5 cl (½ oz) Amarettosirup abmessen und in einen Shaker geben. Eiswürfel hinzufügen und einige Sekunden lang kräftig schütteln. Durch ein Barsieb, mit dem das Eis im Shaker zurückgehalten wird, in ein im Gefrierfach vorgekühltes Cocktailglas abseihen und servieren.

ESPRESSO MARTINI

(Herstellung: shake & strain – schütteln und abseihen)

ZUTATEN

4,5 cl (1 ½ oz) trockener Wodka
1,5 cl (½ oz) Kaffeelikör
1,5 cl (½ oz) Zuckersirup
3 cl (1 oz) Kaffee

ZUBEREITUNG

In einem Jigger nacheinander 4,5 cl (1 ½ oz) trockenen Wodka, 3 cl (1 oz) Kaffee, 1,5 cl (½ oz) Kaffeelikör und 1,5 cl (½ oz) Zuckersirup abmessen und in einen Shaker geben. Eiswürfel hinzufügen und einige Sekunden lang kräftig schütteln. Durch ein Barsieb, mit dem das Eis im Shaker zurückgehalten wird, in ein im Gefrierfach vorgekühltes Cocktailglas abseihen und servieren.

UNSER TIPP

Großartig als After-Dinner- oder Abendgetränk.

GESCHÄTZTER ALKOHOLGEHALT: 10,3
KALORIENGEHALT: 176

ALPHABETISCHES REGISTER

BIOGRAFIEN

Gianfranco Di Niso, Profi-Barkeeper, Gewinner nationaler und internationaler Wettbewerbe, ist Dozent in verschiedenen Ausbildungskursen für Barkeeper im Freestyle- Mixing (Flairbartending) und für Kaffeegetränke. Seit 1986 arbeitet er für zahlreiche Lokale in Bergamo und Provinz.

Davide Manzoni hat an der Katholischen Universität Brescia „Ideenfindung und Produktion für das Kino" studiert und geht seitdem mal seiner Leidenschaft für das Kino und mal der für das Schreiben nach. Derzeit arbeitet er als Buchhändler.

Fabio Petroni studierte Fotografie und arbeitete anschließend mit den renommiertesten Fachleuten auf diesem Gebiet zusammen. Im Verlauf seines beruflichen Werdegangs hat er sich auf Porträts und Stillleben spezialisiert und sich auf diesen Gebieten durch einen intuitiven und zugleich strengen Stil hervorgetan. Er arbeitet mit den wichtigsten Werbeagenturen zusammen und hat für renommierte Unternehmen mit weltweitem Ruf, darunter auch einige bedeutende italienische Marken, zahlreiche Kampagnen durchgeführt.

DIE 10 BARKEEPER:

Salvatore Bongiovanni bringt eine mehr als dreißigjährige Erfahrung als professioneller Barmann und Sommelier mit. Er ist nicht nur Vizepräsident des Classic Cocktail Club und Gewinner zahlreicher Cocktailwettbewerbe in Italien und im Ausland, sondern auch Inhaber und Barchef des „Shaker Club Cafè" in Seregno (Brianza).

Gianfranco Cacciola, hat sich als Mixing-Experte mit zwanzigjähriger Erfahrung in der Luxusgastronomie sowohl in Italien als auch im Ausland einen Namen gemacht, wo er unter anderem im „Four Seasons Hotel London at Park Lane" und im „Palm Beach" in Cannes gearbeitet hat. Er ist Gründer des Projekts „Barjonio Cocktails" und Ausbilder an der Schule „Uno chef per Elena e Pietro".

Francesco Drago, arbeitet seit mehr als einem Jahrzehnt als Barkeeper. Er hat mehrere Branchenauszeichnungen erhalten und nahm 2016 an der Fernsehshow „Mixologist" teil. Er ist Barmanager bei „Fabrica - Coffee Food Wine" in Trani (Apulien).

Silvia Duzioni, seit 2008 als Barlady beim AIBES (Vereinigung der italienischen Barkeeper und Unterstützer), Bereich Sanremo, registriert, hat an zahlreichen Cocktail-Wettkämpfen und -Wettbewerben teilgenommen. Die Expertin für Kaffeegetränke und Dozentin an der Berufsschule in Treviglio arbeitet in der Bar „Melograno" in Urgnano.

Filippo Fratton ist seit Jahren im Gaststättengewerbe tätig und bietet mit seinem Unternehmen „NonsoloCaipirinha" Cocktail-Catering für Veranstaltungen an. Er hat sich in verschiedenen, von der National Organisation of Wine Tasters, der PBS American Bartending Academy, der Fucina del Bere oder der Lucas Bols Amsterdam 1575 Masterclass durchgeführten Kursen ständig weiter profiliert.

Antonello Gagliardi hat sich in den besten Hotels und Bars von Bologna jahrelang Berufserfahrung angeeignet, bevor er mit „Tony's Bar" sein erstes eigenes Lokal eröffnete. Dieses hat er neun Jahre lang betrieben, war dann mehrere Jahre als Barmanager in mehreren Bars in der Stadt tätig, bis er vor ein paar Jahren die „Tu & Yo"-Cocktailbar in Bologna eröffnete.

Vincenzo Giaimo ist seit über zwanzig Jahren freiberuflich als Barkeeper tätig. Bei „AFB" (Einrichtung zur Ausbildung von Barkeepern) der Region Toskana hat er die Leitungs- und eine Dozentenfunktion übernommen. In Capo D'Orlando kreierte er den Cocktail „ERIKA" und reiste dann auf der Suche nach neuen Geschmacksrichtungen weiter, bis es ihn schließlich nach Griechenland in die Up Lounge Bar verschlug, wo er begann, seine Cocktails um die Aromen der Insel Korfu zu bereichern.

Giulia Gobbi kann auf eine umfassende Berufserfahrung in der Gastronomie zurückblicken, die sie durch kontinuierliche Weiterbildung weiter vervollkommnet hat. Inzwischen ist sie als Ausbilderin beim italienischen Barkeeperverband tätig und arbeitet derzeit in einem bekannten Restaurant in Rimini.

Renato Pinfildi ist Mitbegründer von „Le Café du Monde", einer Cocktail- und Weinbar in Caserta, und außerdem beim AIBES registrierter Barkeeper, Mitglied beim Verband der italienischen Wein- und Biersommeliers, Initiator und Organisator der Wine Cocktail Competition sowie Mitarbeiter des Getränketeams des „bargiornale" 2021.

Demis Vescovi, arbeitete nach seinem Abschluss an der Hotelfachschule als Ausbilder und Barkeeper in wichtigen Unternehmen zwischen Bergamo und der Costa Smeralda. Anschließend eignete er sich in Franciacorta Berufserfahrung in der Weinkunde an. Derzeit arbeitet er als Önologe in einer großen Weinkellerei in Brescia.

Der Autor Gianfranco Di Niso widmet dieses Buch seinem Sohn Alessandro Massimo, der es immer liebt, seinem Vater bei der Arbeit zuzusehen.

DANKSAGUNG

Gianfranco Di Niso e Davide Manzoni danken:
Den White Star Verlag, namentlich Valeria Manferto de Fabianis, Giorgio Ferrero, Paola Piacco und allen, die zu der Entstehung dieses Buchs beigetragen haben.
Fabio Petroni für die herausragenden Fotografien.
Den Barkeepern, die mit ihrer Kreativität dieses Buch um 10 großartige und bisher unveröffentlichte Rezepte bereichert haben.
Barbara Rota für ihre stete Unterstützung, mit der sie uns seit jeher beschenkt.

Gianfranco Di Niso dankt:
MIXER Professional Cocktail Products, die seit Jahren mit ihren hervorragenden Produkten die Ausbildungskurse unterstützt, in denen er unterrichtet.
Luca und Antonella, an die ein besonderer Dank ergeht.
Allen Barkeeper und Baristi, die ihn während der Erstellung dieses Buchs unterstützt haben.

Für etwaige Fehler oder Ungenauigkeiten entschuldigen sich die Autoren bereits im Voraus und bitten darum, bei Verwendung von Material aus diesem Buch als Quelle angegeben zu werden.

REDAKTIONELLE LEITUNG
Giorgio Ferrero

GRAFISCHE GESTALTUNG
Paola Piacco

Piazzale Luigi Cadorna, 6 - 20123 Mailand, Italien
www.whitestar.it

Übersetzung: Eva Baumgart-Catania

ISBN 978-88-6312-520-7
1 2 3 4 5 6   26 25 24 23 22

Gedruckt in Serbien